김완하의
시 속의 시 읽기 2

김완하의
시 속의 시 읽기 2

맵씨터

자서

다시 시를 사랑하는 마음으로

지난해에 『김완하의 시 속의 시 읽기』 1권을 내고 난 뒤 1년이 조금 더 지난 시점에 2권을 이어서 낸다. 과분하게도 1권을 읽은 독자들의 많은 관심과 격려가 있었다. 시인으로서 좋은 시를 쓰기에도 부족한 시간임에도 시를 사랑하는 마음을 시 읽기로 표현해본 것이었다. 그것이 필자에게는 의외의 성과를 가져오기도 하였다. 최근에 신춘문예나 문예지로 등단한 시인 중에서 『김완하의 시 속의 시 읽기』 1권을 읽고 시를 썼다는 이야기를 들었다. 다양한 독자층이 이 책을 읽었다는 것을 확인할 수 있어 대단히 기뻤다.

우리 사회를 돌아보면 점점 더 시를 읽는 일의 중요성은 증가해 가는 추세라 할 수 있다. 지난 1년 사이에도 우리는 사회적으로 너무 많은 일을 겪었다. 그런즉 시가 지난 시간의 아픔을 위로하고 우리를 감싸주는 일을 감당할 수 있다는 것은 대단히 다행인지도 모른다는 생각이 든다. 시에 대한 중요성이야 새삼 말해 무엇 하겠는가? 그러한 이유로 필자는 2권을 내며 "다시 시를 사랑하는 마음으로"라는 자서를 쓰는 것이다. 앞으로도 필자는 『김완하의 시 속의 시 읽기』를 5권까지 지속적으로 이어가며 쓰겠다는 계획을 가지고 있다.

이 책에 수록한 시와 시 읽기의 순서는 『김완하의 시 속의 시 읽기』 1권에 이어 ≪대전일보≫에 수록한 것을 그대로 싣는다. 다만 제일 앞에 수록한 이수익의 「절벽」은 제1권에 수록해야 했으나 당시 두 편을 집필하였기에 한 편을 미루어 두었다가 이번에 맨 앞에 넣었다. 그 외의 수록 순서는 지면에 발표한 순서를 그대로 따랐다. 그것은 시 읽기가 게재 당시의 계절 흐름과 사회적 분위기를 반영하고 있기에 그대로 유지할 필요가 있다는 판단에서다.

이번의 「김완하의 시 속의 시 읽기」 2권도 1권처럼 많은 사람들의 사랑을 받았으면 좋겠다. 무엇보다 여기에 수록된 시들은 모두 좋은 작품들이다. 필자는 무엇보다 우리 마음속에 새겨두면 좋겠다고 판단하는 시를 대상으로 선정하였다. 시에 대하여는 좀더 담백하고 정감 있게 다가서고자 하였다. 시적인 상상력과 감수성을 잘 살려낼 수 있게 하려고 노력하였다. 시를 통해서 독자들의 상상력과 감수성이 살아나고, 우리 사회의 그늘진 삶이 조금이라도 더 넉넉해질 수 있기를 진심으로 바란다.

2015년 8월

김완하

차례

절벽

이수익 (1942~)

직립直立은
화해하지 않는다.

고고한 그의 전신이
타협을 거부한 채
오롯이
하늘을 향하여

날카로운 입지立志를 세우고 있다.
그가 주위를 버리는 것만큼
주위로부터 그가 버림받는 불행을,

그는 오히려
즐기고 있다.

이 시는 절벽이 보여주는 직립의 정신을 형상화한다. 절벽이 환기시켜주는 단호함이란 수직적 자세로 하늘을 지향한다. 절벽은 발아래의 번잡스러운 현실을 외면한 채 이상세계로 눈을 돌린다. 그것은 시인 자신의 세계관을 표출한다. 시인은 자신의 정신을 지키기 위해 주변의 모든 것과 화해하지 않는다. 따라서 거기엔 어떠한 외로움을 수반할 수밖에 없는 것. 우리가 자신의 입지를 날카롭게 세우기 위해서는 주위와 일정한 단절을 통해서만 가능하다. 또한 주위로부터 버림받는 불행을 기꺼이 감수해야만 한다. 그 불행 가운데 오롯이 서 있는 절벽처럼 우리 또한 오히려 그것을 즐길 수 있을 때에야 자신의 의지를 끝까지 관철시켜 나갈 수 있다.

우리 삶이 어느 하나의 입지를 세우기 위해서는, 쓰러져 가는 정신의 푯대를 꼿꼿이 세우고 무기력해져 가는 의지와 삶에 대한 나태와 안일과도 싸우지 않으면 안 된다. 그뿐만 아니라, 일상적 가치로 변질되어 가는 정신의 상투화와 대결하지 않을 수 없다. 세속적 삶이란 중용의 미덕이라는 미명하에 얼마나 많은 것들이 뒤얽혀 혼돈과 무질서를 연출하는가. 이 시는 무질서한 삶에 놓인 현대인들에게 더욱 분명한 자세와 단호한 태도를 보여준다.

공기의 꿈

손종호(1949~　)

빛이여.
가장 소중한 것에는
왜 무게가 없는가.
시계소리마저 없는가.
나의 폐에서 나와
그대 심장 속으로 들어가는
저 황홀한 대기의 혼에는
왜 발걸음조차 없는가.

사랑이여.
가장 아름다운 것에는
왜 꾸밈이 없는가.
기침소리마저 없는가.
썩은 수렁 가운데
묵묵히 등을 밝혀든
저 연꽃 한 송이의 얼굴에는
왜 욕심의 티끌조차 없는가.

공기로도 꿈을 꾸는 시인이 있으니. 오늘도 그의 꿈은 저 허공에까지 가닿는다. 빛은 가장 소중한 것이니 그것에는 무게도 없고 시계소리 발걸음도 없다. 사랑은 가장 아름다운 것이니 그것에는 또한 꾸밈없고 기침소리도 욕심의 티끌도 없도다. 어느 날 내 옷깃을 스치고 간 공기의 꿈이여. 내 눈가의 차양 속으로 들어와 그늘을 지우고 간 빛이여. 새벽 풀밭에 내린 별빛을 쓸며 그대는 또 잊혀진 이들의 눈망울을 떠올리는가. 공기의 꿈은 나의 폐와 그대의 심장 속을 무시로 드나드는 저 황홀한 대기의 혼일지니. 사랑은 썩은 수렁 속에서도 꽃등을 밝혀 들며 피어나는 연꽃 한 송이의 눈부신 얼굴.

바람은 과거와 현재를 이어내는 대지의 숨결. 그치지 않는 공기의 꿈. 무소불통無所不通이라는 말이 있다. 빛과 사랑은 그러한 법. 그 지극함은 천지간 어느 곳이라도 통하여 알게 됨을 의미한다. 그런즉, 빛과 사랑은 이 세상에 통하지 않는 곳이 없다. 이 세상에 먼저 빛이 있으라 한 분 누구신가. 그 빛이 가닿는 곳마다 사랑으로 넘치라 한 분 또한 누구신가. 빛은 모든 것을 이 지상에 드러내 주는 모성. 사랑은 모든 만물을 잉태하게 하는 이 지상의 토양. 공기의 꿈은 높고 밝도다.

날마다 시작

염홍철(1944~　)

지금 이 순간 새로운 시작
흘러간 냇물에 흉터 지워지고
꺾인 풀잎 떠난 이슬 자국도 없다

과거는 이미 없다
내일은 아직 없다
오늘도 새날
내일도 새날
새 빛만이 큰 길로 우릴 이끈다

새벽 힘차게 열리고
새로운 한주 더 큰 사랑 불러 온다
새해가 부푼 가슴으로 우릴 기다린다

옛일을 기억 말고
항상 새로움 향해

새로운 날을 위하여

작은 풀잎마다 꽃등을 내 건다

시를 쓰는 시장이 있었다. 한 남자의 이야기는 이렇게 시작된다. 그 남자 늘 지금 이 순간이 새로워 새벽이면 시민들과 힘찬 발길로 대전을 열었다. 그 발길에 대전천 유등천도 갑천도 따라와 삼천에서 하나가 되었다. 틈틈이 시심을 가다듬어 한 주를 여는 월요일마다 시민들에게 정다운 아침편지를 띄웠다. 그 남자 꾹 꾹 눌러쓴 시를 모아 첫 시집 『한 걸음 또 한 걸음』을 냈다. 시집 발간기념식에선 색소폰을 불었다. 언제나 두터운 그의 미소엔 이렇게 시와 예술이 어우러진 감성이 은은히 번져 있었다. 아이 러브 대전. 함께 흘린 땀은 향기롭다.

시련이 와도, 고난이 닥쳐도 오늘도 내일도 새날. 언제라도 새 빛만 우리를 큰 길로 이끈다고 믿는 남자. 어느 날 자존심과 자유를 지키기 위해 어깨의 짐을 턱하니 내려놓은 그 남자. 항상 새로움을 향해 달려가며 활기찬 날을 위하여 이 세상의 작은 풀잎마다 찾아가 꽃등을 내 건다. 「날마다 시작」 이 시는 이미 오래전에 씌어져 있었다. 그 남자의 이야기는 이렇게 끝이 난다. 그러나 2014년 7월 1일은 그 남자에게 진정으로 새로운 시작. 지금 이 순간이 새로운 시작. 이렇게 한 남자의 이야기는 다시 시작되었다.

여름 풍경

홍일표(1958~　)

달이 깨어진다
흩어져 날리는
노오란 꽃잎들
한순간 꽃대만 남아
혼자 걷는 들길
끊일 듯 끊일 듯 다시 이어져
어느덧 강둑에 이르러
늙은 미루나무 위에 오르다
요란한 매미 소리로 뜨거워지는 저녁노을
텃밭에서는 붉은 고추가 맹렬히 익어가고,
불로 불을 다스리는 청동의 팔뚝에선
실신한 여름이 굵은 땀방울로 떨어진다
다시 하루가 저물고
깨어진 달이 한 잎 한 잎
제 몸을 수습하여 부풀어 오르는 밤
원시의 동굴 속에선 쿵쿵
푸른 심장이 뛰기 시작한다

달이 깨어지는 고통 없이는 여름이 아니다. 여름은 저 텃밭에서 맹렬히 익어가는 붉은 고추의 힘. 불로 불을 다스리는 사내의 청동 팔뚝에서 뚝뚝 떨어지는 굵은 땀방울. 여름은 이렇게 강렬한 생명의 근육질로 인해 완성된다. 어느 사이 깨어진 달이 제 몸을 수습하여 한껏 부풀어 오르는 밤. 우주의 대순환은 자연이 각자 위치에서 스스로에게 몰두하며 조화를 이루어 상생으로 가는 풍경.

여름의 색상은 노오란 꽃잎, 붉은 고추, 청동의 팔뚝, 푸른 심장으로 시원적 생명의 색상을 연출한다. 공간 또한 들길, 강둑, 텃밭, 원시의 동굴로 대지의 상상력 그 자체다. 여름 풍경의 중심 이미지는 언제나 달. 그것은 매달 부풀어 올랐다 흩어지고 다시 부풀어 오르길 반복한다. 그 달의 변화가 달력을 만들고 그 반복이 한 해로 이어진다. 현대 문명의 도시 속에 살아가는 우리에게 여름은 원시 동굴 속에서 쿵쿵 푸른 심장을 울리며 온다.

사계 중 여름은 자연의 원시적 생명으로 충만하다. 여름은 문명의 갈가리 찢긴 상처를 붉게 달아오른 녹색 망치로 두들겨 새롭게 빚어내는 대장간. 그 힘으로 깨어진 달도 한 잎 한 잎 제 몸을 수습하며 팽창한다. 드디어 지구 한 복판에 푸른 심장이 쿵 쿵 쿵 쿵 지축을 흔들며 뛰어온다.

입장들

조말선(1965~)

우리 사이에 유리창이 있다
나는 당신을 들여다본다
당신은 나를 내다본다
아닐 수도 있다면
안과 밖의 문제에 부딪혀서
위치를 바꾼다
나는 부분을 본다
당신은 전체를 본다
유리창의 사정에서 말한 것이라면
입장을 바꾸어서
당신이 사려 깊은 태도로 안을 본다면
나는 이제 사냥이라도 떠나고 싶은 표정을 짓는다
오해를 풀기 위해서
유리창은 열지 않는다
고정관념을 깨기 위해서
유리창은 깨지 않는다

입장을 바꾸어도
내 앞에 있는 당신에게 어른어른 나는 겹쳐져 있다
오해하기 위해서
당신은 손차양을 만들어
나에게 겹쳐져 있는 당신을 의심한다

우리를 갈라놓은 것은 서로 다른 입장. 우리 사이에는 겹겹의 유리창이 가로놓여 있어요. 그래요. 유리창을 사이에 두고 나와 당신은 마주보고 있지요. 나는 밖에서 안으로 당신을 들여다보고 당신은 안에서 나를 내다보네요. 아니면 나와 당신의 안과 밖의 위치를 바꿀 수 있어요. 한순간 당신이 사려 깊은 태도로 안을 들여다보면 나는 이제 싫증난 표정으로 서 있을지 몰라요.

그래도 우리는 오해를 풀기 위해 유리창은 열지 않아요. 고정관념을 깨기 위해 유리창을 깨지도 않네요. 그건 바로 벗어날 수 없는 벽. 우리 입장을 바꾸어도 서로는 겹쳐 있어요. 오해하기 위해서 당신은 당신을 의심할 뿐. 그런 나와 당신의 서로 다른 입장일 뿐. 입장 바꿔 생각하자는 건 어느 집

가훈만이 아니지요.

하나의 유리창을 사이에 두고 동쪽에서 걸어온 당신은 동쪽으로 바라보고 동쪽으로 걸어가네요. 남쪽에서 달려온 당신은 남쪽으로 사고하고 남쪽으로 달려갔지요. 언제나 나에게 겹쳐져 있는 당신. 당신에게 겹쳐지는 나. 그러기에 나와 당신의 어긋난 길. 입장을 바꾸어도 어느새 나는 당신에 겹쳐져요. 그 많은 입장들. 여기도 입장, 저기도 입장. 이 세상에 하고 많은 입장이 줄줄이 이어져서 입장하고 있네요.

두꺼비형

송찬호(1959~　)

비 온 다음 날
엉금엉금 두꺼비가 기어 나와
마당 한가운데에서 나랑 딱 만났다

두꺼비와 나는
누가 먼저 길 비켜 주나
내기했다

그런데 두꺼비 얼굴을 찬찬히 보니
울퉁불퉁한 게
여드름 많은
우리 형처럼 생겼다

에이, 형이라면 내가 지지 뭐
두꺼비 앞에서
내가 길을 비켜 주었다

자고로 시심은 동심이라 했다. 그 마음속에서는 나무와 해와 달, 바위와 시냇물이 인간과 말을 하고 함께 경주를 한다. 또한 생명이 없는 것들조차 아이들과 어울려 한판 놀이를 펼친다. 아이들의 빗자루를 타고 나는 상상력도 여기서 나온 것이다. 동화적인 상상력은 이렇게 모든 대상을 생명의 가치로 바라보며 수평적으로 인식하고 대하려는 동심이고 시심이며 시정신이다. 그러니 우리 인류가 추구할 것은 바로 동심이 아니던가. 시심이 아니던가. 시정신이 아니던가. 실상 이 시에서 화자가 길을 비켜준 것은 두꺼비가 형이기 때문이 아니라는 사실은 삼척동자도 모두 아는 내용일 터이다. 그것은 진정한 마음으로 두꺼비를 친구 삼으려는 것. 아이들의 이러한 마음이 이 세상을 지켜내는 생명의 힘, 사랑의 힘인 것이다.

그러니 우리 함께 생각해 보자. 그대는 언제 한번이라도 두꺼비에게 길을 비켜준 적이 있었던가. 그대 또한 바람에 흩어진 풀포기 하나 제자리에 되돌려주었던 적은 있었던가. 이른 새벽이슬에 젖어 있는 잠자리의 날개를 곱게 펴 햇살에 말려서 날려주었던 적은 있었던가. 아, 작은 도랑에 물이 말라 오물조물 모여 죽어가고 있는 그 올챙이들에게 물 한 방울이라도 적셔준 적은 있었던가.

허수아비

이정하(1962~)

혼자 서 있는 허수아비에게
외로우냐고 묻지 마라.
어떤 풍경도 사랑이 되지 못하는 빈 들판
낡고 해진 추억만으로 한 세월 견뎌왔느니.
혼자 서 있는 허수아비에게
누구를 기다리느냐고도 묻지 마라.
일체의 위로도 건네지 마라.
세상에 태어나
한 사람을 마음속에 섬기는 일은
어차피 고독한 수행이거니.

허수아비는
혼자라서 외로운 게 아니고
누군가를 사랑하기에 외롭다.
사랑하는 그만큼 외롭다.

가을 들녘에 서 있는 것만 허수아비가 아니다. 이 세상에 서 있는 모든 것은 허수아비. 그러므로 이 세상엔 아직도 고도를 기다리는 존재들이 많은 것. 이 여름 날 땡볕 속에 서 있는 플라타너스, 해바라기, 포플러 등등. 이 세상 모든 가로수도 허수아비다. 이 땡볕에 조달청 정문 옆에 붉은 꽃 덩이를 끌어안고 불볕 속으로 장작불 지피는 저 배롱나무도 허수아비. 그건 어쩌면 불타고 있는 허수아비다. 그러니 이 세상 모든 외로운 것들은 다 사랑을 지키는 허수아비다.

그런즉, 허수아비는 가을 황금물결 속에서 새떼를 쫓으며 곡식을 지키는 게 아니다. 오히려 허수아비는 새떼에게 사랑을 구하는 게 아닐지 모른다. 다가서면 떠나버리는 새들이 그리워 겨울 찬바람 속에도 허수아비는 다음 봄까지 홀로 기다리는 게 아닌지 모르겠다. 주변을 둘러보면 도처에 허수아비는 서 있거늘.

그대 가슴 안에도 허수아비는 서 있다. 허수아비는 혼자 서 있어 외로운 게 아니라고. 누군가를 사랑하기에 외로운 것이라고. 사랑하는 그만큼 외로운 것이라고. 기일게 그림자를 드리운 채 오늘도 그는 들녘을 가로질러 간다. 그의 깡마른 어깨가 기우는 순간. 이 세상 어딘가에는 또 애타게 누군가의 손길을 기다리는 이가 있다.

그리움

이용악(1914~1971)

눈이 오는가 북쪽엔
함박눈 쏟아져내리는가

험한 벼랑을 굽이굽이 돌아간
백무선 철길 위에
느릿느릿 밤새워 달리는
화물차의 검은 지붕에

연달린 산과 산 사이
너를 남기고 온
작은 마을에도 복된 눈 내리는가

잉크병 얼어드는 이러한 밤에
어쩌자고 잠을 깨어
그리운 곳 차마 그리운 곳

눈이 오는가 북쪽엔
함박눈 쏟아져내리는가

한 여름에 웬 함박눈 타령, 잉크병조차 얼어드는 추위 타령이란 말인가. 그러다 보면 더위 조금 물러가더란 말인가. 잠시 함박눈 내리는 생각에 창밖 매미가 소리를 멈추더란 말인가. 2014년은 시인 이용악이 태어난 딱 100년 되는 해. 시인 떠난 지 43년 이제 그는 없다. 사람 목숨 백년을 넘지 못 하나, 그의 시는 오히려 이 여름 땡볕 속에 더 서늘하게 다가오는 현실. 감수성 예민한 이용악도 못내 그리운 겨울밤을 보냈던 모양. 그는 함경북도 무산의 처가에 식구를 남겨두고 홀로 서울에 와 이 시를 썼다.

여름 나는 지혜 중 물가에 발 담그고 수박 한 덩이 맛보는 것 좋겠지만, 시련 속에도 언어의 꽃 피워낸 시인의 시를 읽으며 상상 속에 이 염천을 넘는 것은 한 차원 더 높은 방법일 것. 이용악은 백석, 오장환과 더불어 1930년대 함경도 후기 현실인식을 빼어나게 형상화한 3대 시인 중 한 명. 그는 일제 강점기 조국을 떠나 만주 등을 떠돌던 유이민의 궁핍한 생활을 절절한 시어로 노래해, 당대의 비극적 참상을 구체적이고 실감

나는 어휘로 풀어내 높은 문학적 성취를 보여준다. 오늘 문득 이용악이 그립다. 그가 그리워한 함박눈이 더 그립다. 그 밤 그의 시어는 절로 익어갔으리.

완벽한 신혼일기

한용국(1971~　)

먹다 남긴 족발 위로
먼지가 먼지를 불러
낄낄 하하 세상에
둘밖에 없는 듯이
창 밖에 눈 내린다고
눈송이가 예쁘게 착륙한다고
세상에 둘이면 족한 듯이
미숫가루 타먹고 기분 좋아서
먹다 남긴 족발 위에
먼지는 먼지끼리 뭉쳐서
서울 가는 차는
한 나절 걸리겠다고 히히
호호 웃다가
까치는 눈 내리면
발 시려서 앗 뜨거 앗 뜨거
세상에 딱 둘이면 좋은 듯이

웬 신혼일기 타령이 이리도 호들갑을 떠느냐고 말하지 말라. 신혼일기 한번 쓰지 않은 사람이 어디에 있다고 이리 호들갑이냐고 다그치지도 말라. 우리 생에 결혼과 신혼이야말로 누구에게나 다 가장 화려하고도 축복 받은 시간 아니던가. 그러기에 신혼에서의 어떠한 호들갑도 용서가 되는 법. 신혼에서의 한껏 들떠 있음도 어디서나 허용이 되는 법이다. 그것은 물론 그 시절이 우리 생에 가장 화려하고 아름다운 순간 때문이기도 하지만, 정작 그것은 신혼이 짐 지고 가야 할 이 세상 시련이 너무나 큰 까닭이다. 그런즉, 누구라도 신혼에서의 호들갑 없이 어찌 이 세상을 보낼 수가 있단 말인가.

그러니 먹다 남긴 족발 위로 먼지가 앉아도 둘만 있으면 이 세상에는 눈이 내린다. 비록 미숫가루를 타먹고 기분 좋아서 히히 호호 호들갑을 떨어도 이 세상으로는 펑펑펑 눈송이 뿌린다. 서울 가는 차야 늦어지건 말건 아예 눈 구덕에 빠져버려도 우리 알 바 없지. 그런 날 까치처럼 발이 시려서 앗 뜨거 앗 뜨거. 깔깔거리고 낄낄낄대면서 이 세상에는 우리 딱 둘이면 좋다는 듯이. 둘만으로도 이 세상은 가득 차서 창밖에 한나절 눈이 내린다. 나와 나타샤와 푸른 당나귀. 오, 그런즉 우리 생은 신혼의 추억을 먹고 평생을 가는 게 아닌가. 그러니 우리 생 그 자체가 완벽한 신혼일기 아닌가.

식물의 서쪽

박성현(1970~)

식물이 창백한 표정을 짓는다.

저 식물의 잎에 그 잎만큼의 넓이로 알몸을 비볐던 바람이 가만히 멈추어 그 표정의 안쪽을 살펴본다.

비어 있으므로, 서쪽은 그늘이다. 그늘의 호수다.

사람이 걸어가고 호수가 뒤척인다. 발자국이 뒤엉켜 반쯤 넋 나간 얼굴로 무딘 무릎을 세우고 있다.

사람의 뒤에서 문이 닫힌다. 햇빛 쏟아지는 창문으로 식물이 기울어진다.

그늘이 오그라들며 호두처럼 단단해진다.

식물의 고단한 오후가 드나들던 서쪽은 무자위가

멈추는 순간이다. 사람의 입술이 석류의 그것처럼
툭, 벌어진다.

식물에게도 서쪽이 있다는 말인데. 북쪽도 있고 남쪽도 있다는 그 말인가. 그러면 우리는 식물들에게 그러한 사실을 지금껏 인정해 오지 않은 게 아닌가. 모두 식물의 앞면만 보면서 다른 쪽은 염두에도 두지 않았으니. 오호라. 그래서 식물들이 그동안 창백한 표정을 지었던 게로군. 그런데 서쪽은 비어 있는 곳이고 그늘진 곳이고 그늘의 호수다. 그늘이 호수처럼 깊은 곳. 서쪽은 우리가 쉽게 눈여겨보지 않는 쪽이다. 식물도 그 서쪽이 아리고 안타까워서 햇빛 쏟아지는 창문으로 기울어진다. 식물도 오후에는 고단해져 서쪽 그늘이 오그라들며 호두처럼 단단해진다. 그 절대의 고독이라니.

이 시의 관전 포인트는 시인의 사물을 보는 감수성. 시인의 직관적인 감성이다. 그리하여 눈에 보이지 않는 식물의 창백한 표정을 마음으로 알아보는 것. 식물의 이파리에 그 잎만큼의 알몸을 비볐던 바람이 멈추어 식물의 표정 안쪽을 살피는 바람의 거취를 은밀히 엿보는 시인의 감성. 그 순간 바람이 멈추어 있기 위해 바람의 날개는 수만 번씩은 진동했으리라.

그 그늘의 호수 속으로 사람이 걸어가면 호수도 뒤척인다, 발자국이 뒤엉킨다. 이렇듯 순간의 느낌이 식물의 표정에 어리는 그늘을 따라 시인의 감성은 한없이, 한없이 더 깊어져 가는 것이다.

명편

복효근(1962~)

서해 바닷가 채석강 암벽 한구석에
종석 ♡ 진영 왔다 간다
비뚤비뚤 새겨져 있다

채석강 암벽이 만 권의 서책이라 할지라도
이 한 문장이면 족하다
옳다 누군가 눈이 참 밝구나

사내가 맥가이버칼 끝으로 글자를 새기는 동안
사내의 등을 기댄 그니의 두 눈엔 바다가 가득
넘쳐났으리라

왔다 갔다는 것
자명한 것이 이밖에 더 있을까
한 생애 요약하면 이 한 문장이다
그리고 그것을 새길 만한 가치가 있다면

사랑했다는 것

설령 그것이 마지막 묘지명이라 할지라도
사랑하였으므로
이미 그 생애는 명편인 것이다

젊은 날 채석강에 갔던 적 있던가. 사귀던 이와 헤어지려면 채석강에 함께 가라는 말 있었다. 하필 그곳에 가서 바위에 "종석 ♡ 진영 왔다 간다"고 새길 건 무언가. 그 터부 앞에 내던져 젊은 연인은 사랑을 확인해 보고자 했던 것. 거기 수만 권 책을 쌓아 바위를 이룬 단애斷崖. 어쩌면 바위도 거듭나기 위해서 스스로를 무너뜨리고 제 가슴에 수억의 문장을 새겨야 했는지 모른다. 인간의 기억은 가슴 속 이미지로 남을 뿐이니, 언어로 바위에 영원히 새기려 했는가. 벽에 파놓은 암각화나 기호 등이 다 여기에 속한다. 시 또한 이와 다를 바 없다.

시인은 누군가 남긴 한 줄의 낙落! 서書! 거기서도 한 편의 시를 낚아 올린다. 그저 지나쳤을 글씨에서 시인은 인류 역사의 흥망성쇄興亡盛衰, 생멸生滅의 압축 그 시퍼런 문장을 발견한다. 피로 새긴 붉은 문장을 본다.

사내는 맥가이버칼로 수천 번 사랑을 새겨야 했으리. '종석'은 맥가이버가 되어 궁지에 몰린 여인 '선영'을 극적으로 구해 한 생의 끝까지 사랑으로 갔을까? 그 그리움 안고 수천만 년을 온몸으로 뒹굴어 왔다 다시 돌아선 게 채석강 큰 파도라 치면, 저 푸른 파도 위에 붉은 마음 새기고 다만 묻어버릴 뿐이다. 그대여, 사랑하였으므로 이미 그 생애는 명편인 것이다. 그것도 차라리 사족蛇足일 뿐이리.

붉은돔

이명수(1945~)

회를 좋아하는 친구가
수조에서 펄떡이는 붉은돔 한 마리를 가리키며
저놈을 잡아 달란다

웬다트 부족 마을에선 사냥하기 전에
짐승에게 큰소리로 알린다
우리 집 식구가 다섯인데
노모는 병들어 신음하고 어린것들은 며칠째 굶었다
짐승이 알아듣고 눈을 껌벅이면
원주민 사내는 비로소 활시위를 당긴다

상 위에 올려진 후에도 껌벅거리는
붉은돔의 눈을 피해 바다만 바라보다
젓가락을 놓쳤다

살아있는 생선회의 싱싱한 살점을 좋아하는 이들에게는 화살처럼 와서 박히는 시. 잠시 가던 길 멈추어 생을 내려다보게도 하는 시다. 횟감으로야 붉은돔을 으뜸으로 치거니와, 창밖으로는 탁 트인 바다가 출렁이고 있으니. 갈매기 몇 마리도 허공을 휘어 감으며 그윽한 포구의 정서를 연출하고 있다. 반가운 마음으로 몇 년 만에 만난 친구와 앉아 정담을 나누는 식탁. 당연히 거기엔 회 한 접시가 놓이기 마련이다. 그런데 이제 상 위에는 붉은돔이 눈을 껌벅거리고 있다. 제 살을 다 발라내고서 앙상한 뼈대를 상추 잎으로 덮고 누워서도 눈을 껌벅거리는 붉은돔. 그것은 우리에게 무슨 메시지를 남기려는 것일까. 그 참혹한 순간을 온 힘으로 견디면서 몸부림치지 못해 눈알만 껌벅대는 돔. 그 눈빛은 어느 별에서 전해오는 메시지일까.

둘러보면 이 세상에는 생명의 가파른 벼랑에 매달린 것들이 너무나 많다. 살아있는 원숭이의 두개골을 갈라내 골을 파먹는 영화의 한 장면. 곰의 가슴을 열어 자물쇠를 채우고 웅담을 채취하는 사육장. 뱀들이 또아리 틀고 뭉쳐 있는 보양식 집. 사람들이 개발한 음식문화의 다양성이라 치부하기엔 너무나 난감하다. 시인은 상 위에 붉은돔의 눈을 피해 바다만 바라본다. 그렇다. 시인이라면 당연히 젓가락을 놓쳐야 한다.

늙은 느티나무에 들다

곽효환(1967~)

언제부터였을까
수령이 수백 년은 되었을
동리의 정자를 품은 느티나무
사방으로 가지를 곧게 뻗어
무성한 그러나 인적 없는 여름을 떠받치고 있다

비늘처럼 껍질이 듬성듬성 떨어져 나간
늙은 느티나무 그늘에
몸 들이고 기대었던 사람을 생각한다
그를 닮고 싶었던 혹은 닮았던
그처럼 살고 싶었던 더러는 그렇게 살았던

바람이 전하는 말과
시간이 쌓아둔 흔적,
무수히 드리웠다 사라지는 삶들을
그는 오랫동안 켜켜이

몸 안에 쌓아두었을 것이다

얼음처럼 투명한 세포들이 쌓은 나이테
이제 그는 단단한 풍경이다

나는 아버지처럼
쉽게 흔들리지도 그렇게
일찍 지지도 그렇게
흘러가지도 않을 것이다

여름 끝으로 8월이 가고 가을 시작 9월이 왔다. 뭐니 뭐니 해도 자연의 순환은 엄격해 우리 기쁨이나 슬픔, 쾌락이나 고통에도 불구하고 어느새 가을은 우리 앞에 와 '떡' 버티어 섰다. 며칠 사이 날씨도 선선하여 기분도 상쾌. 이어지는 추석은 어느새 우리를 고향으로 눈 돌리게 한다. 여름 더위와 힘겨운 순간 모두 잊고 고향의 늙은 느티나무 그늘 떠올린다. 이제 느티나무 그늘에 머물던 사람은 다 떠나 없다. 그늘의 시간은 갔다. 이제는 인적 없는 여름을 느티나무가 떠받

치고 있을 뿐.

언제나 가을은 늙은 느티나무가 품은 시간으로 오는 것. 그 나무에 기댔던 사람들, 그를 닮고 싶던 사람들, 그렇게 살았던 사람들 생각한다. 느티는 바람이 전하는 말. 시간이 쌓아둔 흔적, 무수히 사라진 삶을 몸 안에 다 삭힌다. 그리하여 나이테 쌓이며 단단한 풍경이 된다. 그렇다. 가을엔 이 세상 모든 것이 느티나무 어깨에 와 기대는 때. 하여 시인의 시간은 언덕을 거슬러 고향의 풍경에 가 닿느니. 나는 아버지처럼 쉽게 흔들리지 않으리라. 또 그렇게 일찍 지지도 않고, 그렇게 흘러가지도 않으리라 다짐하는 가을. 가을은 고향으로 돌아와 거듭나는 시간. 시인이 아버지를 넘어 다시 서는 시간.

아버지의 지게

강웅순(1962~)

한세월 지게를 업어준
아버지의 늦가을 어깨에는
청무우가 낮달로 숨어 있다

은하수나 간간이 바라본
얄찍한 내 어깨에는
물안개가 제비로 날고 있다

아버지의 지게는
목숨처럼 하늘을 업어도
등태가 종이보다 얄포롬하다

멜빵이 두툼한 내 지게는
흰 구름 한 채를 지고도
가위다리 작대기로 서서
아랫도리 목발이 휘청거린다

헛간에 널브러져 있던 아버지 지게는 어디로 갔을까. 지난 추석 고향에 가도 이제 아버지의 지게는 보이지 않는다. 그 지게 누워있던 헛간도 사라졌다. 시멘트 위에는 경운기와 트랙터가 뒹굴 뿐. 아, 산 하나를 다 파서 져 나르던 아버지의 지게가 아닌가. 너른 들을 모두 갈아엎고 저문 들녘 쿵 쿵 쿵 울리며 돌아오던 아버지 지게가 아니던가. 그러므로 지게는 비유를 넘어 아버지의 상징. 그러기에 지게는 농기구를 넘어 이미 아버지의 몸 자체였다. 그러므로 헛간에 기대어 둔 지게는 모두 우리의 아버지였다. 이제 그 지게를 우리 어디에 다 가두어 버린 것인지.

한세월 지게를 지고 목숨처럼 하늘 업어도 등태가 알포롬하던 아버지의 지게. 그러나 내 지게는 얄찍한 어깨로 은하수나 간간이 바라보았을 뿐이다. 멜빵이 두툼해도 흰 구름 한 채에도 기우뚱 기우뚱. 가위다리 작대기로 아랫도리 목발만 휘청거렸던 셈이다. 지게는 지려하는 게 아니라는 것. 오히려 지게에 몸을 맡겨야 한다는 것을. 아버지 지게는 작대기로 버틴 게 아니라는 걸. 아버지 온몸의 목숨으로 고였었다는 걸 어렴풋이 알게 된 가을일까. 아하, 그게 지게의 윤리, 지게의 철학인 걸. 우리 삶의 철칙이라는 걸. 지게의 고행이 필요한 이 시대. 고향에 갔다 돌아오며 아버지의 지게를 다시 그리워하는 이 가을.

나무

이성선(1941~2001)

나무는 몰랐다
자신이 나무인 줄을
더욱 자기가
하늘의 우주의
아름다운 악기라는 것을
그러나 늦은 가을날
잎이 다 떨어지고
알몸으로 남은 어느 날
그는 보았다.
고인 빗물에 비치는
제 모습을.
떨고 있는 사람 하나
가지가 모두 현이 되어
온종일 그렇게 조용히
하늘 아래
울고 있는 자신을.

가을은 사물이 치장하던 외피를 한순간 강렬히 불태우고 자신의 내면을 드러내는 때. 밖으로 향하던 세월을 넘어 안으로 눈뜨는 시간이다. 마치 한 자루의 촛불을 그어 생의 둘레에 드리운 어둠을 밀어내듯이. 가을나무는 오롯하게 알몸으로 존재의 심연 속으로 몽상을 깨운다. 나르시스의 노래라 할까. 가을은 이윽고 한 존재가 자신을 넘어선 대상에 경외감을 갖고 스스로 그 실체로 다가서는 순간이니.

그동안 나무는 스스로의 삶에 충실했을 것이다. 또 스스로의 생이 푸르기만 기도했을 것이다. 어느 가을 물거울에 비친 모습을 보고 자신의 전 존재를 깨닫게 되었을 것이니. 가을은 이렇게 모든 잎을 떨구어 알몸으로 남는 시간이다. 그동안 잎들이 가려온 푸름의 시간 속에 나무는 스스로 나무인지, 우주의 악기인지도 모른 채 살아왔다. 자신의 내면도 바라보지 못한 채. 나무가 자신을 알게 되는 순간 스스로 우주의 악기가 되어서 울리는 것이다.

그대는 빗물에 비쳐진 자신의 모습을 바라본 적이 있는가. 가을비 스쳐간 날 작은 웅덩이에 고인 물에 민낯이라도 비추어 볼 일이다. 가을은 이렇게 바닥을 통해 깨닫는 시간. 바닥으로부터 거듭나는 때. 오던 길 뒤돌아서서 가야 할 길을 내다보면서.

코딱지

김상배(1958~)

한밤중에 사람들의 눈을 피해
아들과 함께 전단을 뿌린다.
민주, 자유, 동지, 투쟁의 함성이 실린
그 시절의 불온 전단이 아니라
아내가 운영하는 글쓰기 학원의 광고 전단을
아파트 현관에 남몰래 돌리다가
그만, 아들의 친구를 만났다.
아들은 괜찮다고, 부끄럽지 않다고 했으나
거의 일을 마칠 무렵에는 조금 부끄러웠다고,
코딱지만큼 부끄러웠다고 고백했는데
바로 그때 아내의 친구와 마주치게 되었다.
나도 코딱지만큼 부끄러웠고
그래서 아들의 코딱지가
얼마나 큰 코딱지였는지 알게 되었다.

시란 자고로 감동이 있어야 하는 법. 감동은 시인이 심장으로 전한 뉴스가 독자들의 심장에 강하게 와 박힐 때. 이 시의 감동은 자못 적지 않은 전압이다. 그건 우리 생의 한 순간을 울컥하게 만든다. 우리 코끝도 함께 찡하다. 이 시는 한때 IMF를 겪으며 구직난이 심각했던 우리 사회를 반영하는 듯. 그러나 아직도 그런 일상은 우리의 현실이다. 아니 언제라도 그게 우리 현실일 수 있다. 요즘도 아파트 엘리베이터에 수시로 나붙는 온기 채 가시지 않은 전단지. 요즘도 아들과 광고 전단지 돌리며 이런 해프닝 겪는 사내가 있을지 모른다.

이 시의 깊이는 아들의 듬직한 마음이다. 그건 세상을 견디는 무한한 신뢰, 미래에 대한 강한 자신감. 그게 우리 아버지들을 고달픔 속에서도 곧게 세워주는 힘이다. 우리 아버지들이 살맛나게 하는 것이다. 우리 생을 이어가며 그곳엔 넘어야 할 벼랑도 많고 건너야 할 험한 계곡도 부지기수. 진실과 꿈이 없다면 무엇이 우리를 그쪽으로 끌어갈 터인가. 그러기에 생은 어찌 품어낼 것인가. 그게 관건이다. 사노라면 '코딱지'도 우주와 비교될 때가 있고, 태산도 티끌과 비유될 때가 있느니. 이 시대 아버지들, 당신도 한땐 당찬 어린 아들 아니었나. 무지개를 꿈꾸던 어린 떡잎이 아니었는지. 무엇보다 이 시의 감동은 어깨를 끼고 겨운 삶을 함께 하는 가족의 사랑.

바닥이 나를 받아주네

양애경(1956~)

바닥이 나를 받아 주네
날마다 한 치씩 가라앉는 때
주변의 모두가 의자 째 나를 타고 앉으려고 한다고
나 외의 모든 사람에겐
웃을 이유가 있을 거라고 생각될 때

집으로 돌아오는 밤길
눈길 스치는 곳곳에서
없는 무서운 얼굴들이 얼핏얼핏 보일 때
발바닥 우묵한 곳의 신경이
하루 종일 하이힐 굽에 버티느라 늘어나고
가방 속의 책이 점점 늘어나
소용없는 내 잡식성의 지식의 무게로
등을 굽게 할 때

나는 내 방에 돌아와
바닥에 몸을 던지네
모든 짐을 풀고
모든 옷의 단추와 걸쇠들을 끄르고
한쪽 볼부터 발끝까지
캄캄한 속에서 천천히
바닥에 들러붙네
몸의 둥근 선이 허락하는 한도까지
온몸을 써서 나는 바닥을 잡네
바닥에 매달리네

땅이 나를 받아 주네
내일 아침
다시 일어날 수 있을 거라고
그녀가 나를 지그시 잡아주네.

하루 일과를 마치고 우리가 피곤한 몸 이끌며 집으로 돌아오는 건 휴식을 위한 게 아닌가. 집에는 우리를 품어줄 따듯한 방이 있는 게 아니던가. 그러나 어느 순간 현대인들에게 그건 기실 내일의 출근을 위한 일이 되어버렸는지 모른다. 누군가 저녁이 있는 삶을 열겠다 하였지만. 이제 우리 휴식은 없고 일의 연속만 남았을지 모른다. 우리가 방에 돌아와 하루를 견디기 위해 둘렀던 모든 무장을 완전히 해제하고 바닥에 누우면 바닥만이 우리를 받아준다. 우리가 바닥에 가닿을 때 우리에게는 바닥만이 희망이다. 그리하여 바닥만이 확실한 미래이겠다.

그러니 어찌 바닥이 없는 깊이가 있으며, 바닥이 없이 넓이가 있으리요. 난바다의 풍랑들이 파도를 안고 뒹굴 때도 깊은 바다 속 바닥은 묵묵히 그 깊이를 견디고 있는 것. 호수를 울리는 돌멩이도 마침내 그 바닥에 닿아 움직임 멈출 때 호수의 마음을 읽을 수 있으니. 그때 산그늘도 내려와 고요히 물속에 잠겨 바닥에 누울 것이다. 작은 씨앗 하나도 바닥을 딛고 일어나 수천 길 허공을 향해 머리 들 수 있으니. 이제 우리는 다시 쓰자. 바닥은 우리 어머니라고. 언제나 그녀가 지그시 우릴 잡아준다고. 이제 바닥을 모르는 자와 어찌 인생을 이야기 하리요.

풀잎

김영석(1945~)

풀밭에서 혼자 놀던 아이가
알록달록한 종다리를 잡더니
그 작은 새의 가슴에서
흰 구름을 뭉게뭉게 꺼내어
푸른 하늘로 연신 날려 보낸다
그리고는 이윽고
종다리도 구름 따라 날려 보내고
풀잎 속으로 들어간다
머리칼도 안 보이게
풀잎 속에 숨는다

아이들은 그렇게
파란 풀잎 속에 숨어 있다.

연초록 풀잎의 계절은 가고 황금빛 물결의 시대가 왔는가. 그건 아니다. 왜 그러느냐 구. 그대는 묻겠지. 그건 눈에 보이는 세계일 뿐. 이 시의 환상적 풍경은 계절을 초월하는 것이기 때문이다. 그건 그 안에 숨어 있는 아이들 때문이고 아직도 우리가 그들을 찾지 못 했기 때문이다. 푸른 풀밭과 아이들 그리고 알록달록한 종다리, 뭉게뭉게 구름과 푸른 하늘은 서로가 통하는 동화적 세계다. 그렇게 이 시는 한껏 동화의 세상을 펼쳐 보여준다. 그 나라에는 파란 풀잎 속에 들어가 꽁꽁 숨어 있는 아이들이 있다. 어른들은 하루빨리 그 아이들 찾아내 그들의 초롱초롱 눈망울에 눈을 뜨고, 그들의 노랫소리로 귀를 씻어 다시 가슴을 뛰게 해야 한다. 그래서 다시 어린아이로 거듭 태어나야 한다.

어린이는 어른의 스승이라 하고 시심은 동심이라 했다. 가을이 와서 황금물결 일 때면 풀밭의 아이들은 잠을 자고 있는 것이다. 풀밭이 그들에게 비단이불을 깔아주고 햇살을 덮어준 것이다. 그들은 내년에 봄이 오고 다시 종다리 높이 날아 풀잎 피어날 때면 잠에서 깨어나리. 알록달록 종다리 잡아 그 작은 새의 가슴에서 흰 구름 꺼내 뭉게뭉게 하늘로 날릴 것이다. 그리고 다시 풀잎 속에 들어가 숨어 있을 것이다. 그렇게 아이들은 언제나 이 세상을 동화의 나라로 만들어준다. 언제라도 환상의 세계로 이끌고 간다.

바닥

문태준(1970 ~)

가을에는 바닥이 잘 보인다
그대를 사랑했으나 다 옛일이 되었다
나는 홀로 의자에 앉아
산 밑 뒤뜰에 가랑잎 지는 걸 보고 있다
우수수 떨어지는 가랑잎
바람이 있고 나는 눈을 감는다
떨어지는 가랑잎이
아직 매달린 가랑잎에게
그대가 나에게
몸이 몸을 만질 때
숨결이 숨결을 스칠 때
스쳐서 비로소 생겨나는 소리
그대가 나를 받아주었듯
누군가 받아주어서 생겨나는 소리
가랑잎이 지는데
땅바닥이 받아주는 굵은 빗소리 같다

후두둑 후두둑 듣는 빗소리가
공중에 무수히 생겨난다
저 소리를 사랑한 적이 있다
그러나 아 옛일이 되었다
가을에는 공중에도 바닥이 있다

가을에는 바닥이 잘 보인다고. 그게 어디 바닥뿐이겠는가. 저 허공도 한결 팽팽해진 긴장으로 제 속을 비춰 우리에게 보여준다. 지난주 무창포에 가 바닷길 드러난 것을 보고 왔다. 한 달에 몇 번씩 바다도 제 가슴 갈라내 속을 보여준다. 나도 바다에게 내 속을 보여주고 싶었다. 이즈음 모든 것들 저를 다 내 보이려 분주하다. 그만큼 가을은 순수한 것, 정직한 것, 투명한 것. 그렇게 모든 것들 조금은 더 외로운 것이니. 이렇듯 가을은 본질에 가 닿는 시간. 제가 본래 온 곳으로 돌아가 안기는 때다. 그래서 칡덩굴도 파란 잎과 줄기를 다 말리고 뿌리 쪽으로 가 생을 집중하고 있다. 그것들 벌써 내년 봄에 다시 뻗어 나올 푸른 숨을 키우는 중이다.

시인은 홀로 앉아 산 밑 뒤뜰에 가랑잎 지는 걸 보고 있는가.

그대를 사랑했으나 다 옛일이 되었다고 우수수 가랑잎은 떨어지는가. 그는 눈을 감는다. 그러나 땅은 그 가랑잎을 받아주어 굵은 빗소리를 낸다. 그 빗소리는 공중에 후두둑 후두둑 소리를 낳는다. 그 소리를 사랑한 적 있고, 홀로 앉아 지난 생의 그늘을 들여다보면 가을에는 공중에도 바닥이 드러난다. 그렇다. 이 시는 비우는 것과 비워지는 것 사이의 공명, 그런 울림으로 가득하다. 가을에는 바닥이 잘 보인다.

820광년, 폴라리스

유봉희(1944~)

햇살 빗겨서는 초가을 저녁
유리창에 더듬이를 내린 여치 한 마리
갈색 반점, 녹색 몸이 고요하다
어떻게 초록 길을 벗어 놓고
투명한 유리창에,
웬일인지 묻지 않았다
3센티 더듬이가 더듬던
낯설고 차가웠을 너의 세상을
어차피 나는 알 수 없다, 그러나
한밤중 신열로 깨어서 한 칸 방을 더듬을 때
한 모금 물로 깨어나는,
가는 나의 더듬이가 더듬는
갑충의 각질 같은 어둠을 말할 수는 있다
그 밤에 네가 너의 몸을 파헤치듯
울며 노래하면
나는 무거운 커튼을 열고
저 820광년, 폴라리스를 다시 본다

절기상으로는 지금이 가을 중간쯤인지. 아니면 지나치는 늦가을인지. 이제 초가을이 아닌 건 분명하다. 그러나 그건 다 하릴없고 따질 가치 없는 일. 가을은 가고 또 오는 법이니. 낙엽은 지고 다시 또 새잎이 피는 법이다. 구름은 흘러가야 다시 새 구름이 몰려오는 까닭이다. 그러니 그대 가을 앞 지는 생의 온기 위로 두 무릎 꿇어 경배하라. 그대 맨 가슴 땅에 대고 낙엽에 한없는 입맞춤 뜨거워라.

초가을 저녁 여치 한 마리 유리창에 와 여린 더듬이로 더듬는 낯설고 차가운 세상. 그러나 그것은 우리가 알 수 없는 시간. 그러나 한밤중 신열로 깨어 한 모금의 물로 허기를 달랠 때. 어느 먼별의 일깨움 있어 조용히 무거운 커튼을 열면. 거기 820광년을 빛나는 폴라리스. 그리하여 여치와 나와 폴라리스가 만나 이루는 한 찰라. 폴라리스의 푸른빛으로 가슴을 적시며 이 한밤 지나가는 그 잔잔한 그리움을 열어본다.

나 또한 낯설고 차가운 세상 건너며 한밤중 깨어 더듬이로 세상을 더듬느니. 어둠을 찍어 세상 한 복판에 뜨거운 시를 써볼까. 우리 모두는 이 지구상 어느 낯선 곳 유리창에 더듬이를 내린 여치는 아닐지. 그러나 활기찬 시간이 지나 풀 죽은 한 마리 여치여. 그대는 그 누구 투정에 오른 해삼 멍게 말미잘은 결코 아니다.

그 노인

최태랑(1942~　)

관악산 등산길에 만난 그 노인
사당 지하철 층계에 앉아있다
서서히 말라가는 고사목,
천근만근의 무게가 노인의 무릎에 얹혀있다

나 역시 마음조차 말라가는 나이
푸른 한때, 지금을 알았더라면
실가지 사이로 불어오는 한 줌 바람도 그냥 보내지 않고
둥지를 찾아든 새에게 넉넉한 그늘을 주었을 게다

무심코 지나가버린 생의 간이역
한참을 지나서 생각나는, 이제야 알 것만 같은

하염없이 무언가를 기다리는 혼자의 시간을 짐작했더라면

여행 가방을 사고
시집을 더 샀을 것이다
그때 손가락에 봉숭아꽃을 감아주던
그녀가 놓고 간 쪽지를 펴 보았을 것이다

하산 길에 다시 만난 그 노인
여전히 그 자리에 앉아있다

비온 뒤 낙엽들 길거리에 지천으로 널려 있다. 휙 바람 불면 어디로 날아가 버릴 것들. 몇 장은 빗물 젖어 아스팔트에 붙어 떠나지 않으려 할 것. 한동안 뜨겁게 불타던 가을 단풍들 생을 고하는 순간이다. 추풍낙엽에 인생을 비유한 건 천년도 더 전의 일이니. 잎이 지면 비로소 나뭇가지에 숨어 있던 시간이 얼비친다. 스산하게 드러나는 실체여. 그것이 우리 생일지도 모른다. 이제 누구든 지난 시간을 돌아볼 때. 관악산 등산길 사당 지하철 또 곳곳의 공원 구석구석마다 노인들. 서서히 말라가는 고사목처럼 천근만근 시간을 무릎에 얹고 있다. 시인 또한 돌아보며 마음조차 말라가는 나이라는 고백. 그 노인

모습이 자신인지도 모른다.

봄에는 몰랐을 것. 여름에도 몰랐을지 모른다. 빨리 이 더위 가고 찬바람 오기만 바랐을지 모른다. 하여 앙상한 시절 푸른 한때를 그리워하니. 실가지 사이로 불어오던 한 줌 바람이 그립고. 둥지 찾아든 새도 그립다. 무심히 지나친 간이역 하나 떠올린다. 그러니 그대여 이 가을 가기 전 가방 하나를 사고 몇 권의 시집을 사서 여행을 떠나라. 그대 안으로 떠나는 진정한 여행. 진실한 그대로 돌아오기 위해 과감히 떠나라. 그대를 찾아서 잃어버린 그대의 뜨거운 심장을 찾아서. 떠남은 진실로 돌아오기 위한 길이다.

우시장에서

이덕영(1942~1983)

팔린 소들이
팔리지 않은 소들을 바라본다.
우시장 어귀의 쇠똥냄새 위에
가을은 저물고
힘없는 짚 검불이
바람에 불려 다니는 근처의
발목들의 당당함을
곁눈질해 본다.
소가지 없는 소가 어느 놈인가.
이제 풀 비린내도 시들고
열 마지기의 논도 작별하다.
큰 눈에 콩밭두렁의 이슬이 떨어진다.
팔리지 않은 소들이
팔린 소들을 바라본다.
빈 발목이 쓸쓸해지기 시작하고
고삐에 부딪는 햇살 한 줌을

나누어 새김질하며
팔린 소들과
팔리지 않은 소들이
저무는 가을 속으로 저마다 돌아가고 있다.

저무는 가을날 우시장 풍경. 장도 저물어 파장의 분위기 역력하다. 파장의 우시장은 이 세상에서 가장 명료한 결론으로 남는다. 그건 팔린 소와 팔리지 않은 소. 그렇게 딱 두 가지로 판명된다. 그게 우리 생일지 모른다. 그게 우리 삶의 의미인지도 모른다. 아무리 복잡하고 분분한 생도 가장 압축하여 보이는 이 진리. 우리는 그만큼 명료한 생철학을 우시장에서 배웠다. 우시장에 가셨던 아버지 탁배기 한잔에 불콰해져 돌아오실 때 들려온 소고삐. 그날 밤 텅 빈 외양간에는 어둠만 잔뜩 웅크려 있고, 쇠죽솥에서는 푹푹 김도 솟지 않았다. 소 한 마리가 떠나자 집안은 온통 텅 비어 버렸다.

그 저녁엔 가족들 모두 수저를 들지 않았다. 이웃집은 소 판 돈으로도 빚을 다 갚지 못했다고 하였다. 그 건너 박 서방네 코맹맹이 작은 송아지 한 마리 끌려 와 밤새 어미 소 찾으며 울었다. 그 송아지도 일 년 지나 다시 우시장으로 갔다. 소 한 마리가 집안을 일으켜 세우기도 했다. 또 소 한 마리 있어 아들을 대학에 보냈다. 그래서 상아탑 아닌 우골탑이라 했다. 그간 소들이 쌓아올린 탑 몇 십 층인가. 한국의 발전은 우시장 위에 세워진 게 아니던가. 우리 이제 저녁마다 소고기를 구우면서도 소도 잃고 외양간도 잃어버렸다.

이끼

권득용(1955~)

저 작은 것들 좀 봐
파란 하늘을 닮고 있네

바위
나무
흙

거기, 생명의 자궁 열어놓고

하늘 아래
그대가 어머니가 되고
우주가 되고

누구라서 보잘 것 없다 하는가
이미 그대 삶에 이끼가 되어버린 나

이 지상 가장 낮은 자세로 생을 연명하는 게 무얼까. 낮은 건 작은 게 아니라 겸허한 것. 그건 스스로 삶의 지평을 열어 서로의 숨결로 연대하는 생. 그리고 파란 하늘을 닮아가는 것. 이끼. 그것은 그렇게 바위 나무 흙 어디에라도 생명의 근원을 펼친다. 그리하여 어머니로 또 우주로 진화해 간다. 누구라 보잘 것 없다 외면하리오. 때로 모두 외면한 것에 더 큰 사랑을 보여주는 게 진정한 사랑이다. 이 시의 이끼는 우리 한 때 풀뿌리라 일컫던 의미와 통한다.

시인이 하늘의 구름을 외면하고 이 지상 낮은 곳 이끼에 눈길을 보내는 애정은. 시인은 이미 그 이끼의 삶에 이끼가 되어 버렸다 고백한다. 그건 너무 호화로운 우리 삶의 외양을 벗어나 진정한 생명으로 돌아가자고 절절하게 외치는 게 아니던가.

그렇게 생명은 모든 작은 것의 위대한 승리. 진정으로 큰 것은 가장 낮은 곳에서 싹트는 법. 고층빌딩에 올라 허공을 향해 외치는 그대여. 다시 지상으로 내려와 외진 곳으로 발길 돌려야 하리. 생각해 보라. 100층 200층 빌딩이 허공에 몸을 세울 수 있는 건 바로 이 지상 이끼들이 대지를 굳게 지킨 까닭이다. 그런즉 우리 모두 어머니 삶에 푸른 이끼들 아니던가. 이끼. 그 누구라 보잘 것 없다 하겠는가.

구절사

이강산(1959~)

허물어진 산신각 터 벼랑 끝은 가을이다

벼랑 아래 가을은 어쩌다, 저토록 깊어서
손금 가늘고 빛이 옅다
이 가을에 닿기 전 쉰 번쯤 고비를 넘겼을 듯하다

도토리 한 분 집 떠나는 소리가 우레다
빈 손, 먼 길 아니더냐
물어올 듯 꽉 다문 입술이 붉다
홀로 걸어와 모르겠노라, 고요히 나도 붉은 침묵이다

품고 온 사람 모두 부려놓았는지
저 가벼운, 투명한 나비 한 마리, 채송화 못 본 척
돌 숲으로 총총총 걸어가는

도토리도 나도 신발 끈을 고쳐 묶는 구절사

벼랑 끝에 홀로 선 가을도 어언 벼랑 끝이다

구절사는 언제나 벼랑 위에 얹혀 있다. 벼랑 위 가까스로 몸을 지피고도 그 뒤로는 또 하나의 벼랑이 걸려 있다. 그렇게 벼랑 위에 벼랑이 몸을 뒤튼다. 그곳으로 뱀처럼 구불거리는 아홉 개의 굽이 이어가서야 닿을 수 있는 곳. 그새 구절사의 가을 풍경도 어느덧 '늦'자를 달기 시작했다. 벼랑 끝으로 몰린 산신각은 허물어져 있고, 그 벼랑 끝에 서 있는 가을도 벼랑으로 깊어 간다. 가을의 중심에 닿기 위해 가을은 쉰 번쯤 고비를 넘겼을 것이다. 그렇듯 고즈넉하고 정적인 풍경을 울리며 당차게 도토리 한 분 땅으로 구른다. 깊은 침묵 속에 그 소리도 우레처럼 쏟아진다. 도토리 하나와 홀로 걸어온 나는 동병상련. 붉은 입술과 붉은 침묵으로 깊게, 깊게 물들었다.

가을에는 숨어 있던 길도 비로소 드러나는 법. 가을도 그 길 따라 홀로 제 길 떠나려 한다. 그 곁에서 도토리와 나도 함께 신발 끈을 고쳐 묶는다. 구절사는 그렇게 길 떠나고 다시 길로 와 닿는 곳. 그 벼랑에 선 가을도 어느새 벼랑 끝에 걸려 있다. 가을은 이렇게 모두 어디에 가 닿는 때. 길은 마을에 닿고 가을은 길의 벼랑 끝에 닿는다. 그대와 나의 그리움도 저 숲에 닿아 빈 가지 사이 올려다보는 허공에 깊디깊은 벼랑을 파고 있다.

늦은 밤 편지

임동윤(1948~)

누구를 떠나보낸 사람은 안다
눈물 흘리는 일이 모처럼 따뜻해진다는 것을
그대 앉았던 의자는 헐거워졌지만
언젠가 돌아 가야할 위치에서
어둠은 깊어서 별로 뜨고
그대 저 별이었다가
잊힐 수 없는 얼굴이었다가
사방에서 문 닫히는 소리 가득하지만
단풍잎같이 작은 사랑아,
먼저 떠난 그대를 기다리는 밤
마침내 허공을 휘젓는 새가 된다
아주 멀리 있지만 아주 멀리 있지 않는 것처럼
이 허전한 자리가 허전하지 않다는 것처럼
나는 안다, 떠나보내야 할 계절과
만나야 할 계절이 또 하나의 통로라는 것을
밤하늘 아득히 별로 떠서 내려다보는

눈빛 그 황홀,
누군가를 떠나보낸 사람은 안다
서로 빛의 속도로 달려가고 있음을

누군들 한 사람도 떠나보내지 않고서야 어찌 우리 일생을 살아낼 수 있으랴. 어느 도랑가에라도 작은 풀잎엔 늘 잔 바람이 일렁이거늘. 그 바람에 흔들리는 풀잎이 도랑물 소리로 종종거리며 이어가거늘. 고요한 호수 위에는 또 언제라도 구름 스쳐 가며 그늘 드리우거늘. 그늘이 쌓이며 호수는 더욱 더 깊어져 가는 것을. 아, 어쩌면 우리 생은 누구를 떠나보내는 그 과정의 연속이 아닐지. 이 지상의 낙엽만큼 사람들 떠나고 또 누군가 떠나보내는 걸까. 그러니 이 세상은 누구를 떠나보낸 뒤에 흘리는 눈물로 따뜻해져 오는 것이다. 그 눈물 속 작은 바다를 따라 걸어가면 새벽은 한결 더 환하게 밝아 오리니. 그것을 기다려 그대는 늦은 밤 어둠 기울여 편지를 쓴다.

어둠 깊어서 그대 별로 뜨니 그대 멀리 있지만 아주 멀리 있지 않는 것. 누군가 떠나보낸 사람은 안다. 언제나 서로는 빛의 속도로 달려가고 있다는 사실. 그러니 저 우주 속으로 치닫는 행성의 흐름도 이 지상 그리움으로 물이 드는 것이다.

오늘 밤 내가 맞이하는 별빛은 이미 나 태어나기 전 그 별을 떠나온 빛. 그러니 나는 내가 태어나기 전 누군가 보낸 편지를 뒤늦게 받은 것. 나도 오늘 늦은 밤은 누군가에게 장문의 편지를 쓰리.

시인연습 詩人演習

박남철(1953~2014)

나도 한때는 시인詩人이고자 했었노라, ㅎㅎㅎ
굉장히 열심히 세수도 않고 다니고
때 묻은 바바리 코우트의 깃을 세워 올리면서
봉두난발한 머리카락의 비듬을 자랑했거니,
이미 내 등이 꺼꾸정하게 굽은 뒤에
형사 콜롬보가 포옴으로 수입되었었노라
무엇인가 비웃는 듯한 미소를
하시라도 지우지 않으려고 노력하면서
먼 허공에서 아물거리는 하늘과,
바람과 별과 시詩만을 바라보는
내 순수 고독의 시선하며
그것을 담은 시전詩展 팜플렛을, 오호호
저 무지 몽매한 중생들에게
노나 주었었노라

항상 국가와 민족의 앞날을
걱정하면서, 우주 평화를 걱정하면서
윤동주尹東柱의 혈서를, 에즈라 파운드를
옆구리에 끼고 다녔었노라
오른손을 번쩍 번쩍 치켜 들면서
인생이란 뭐 다 그런 거라고, 아무 때고 간에
떠나고 싶을 때 훅 떠날 수 있는 거라고
목에 힘 꽉 주어 엄격하게 단언하면서
귀족처럼 우아하게 주점酒店 할미집을
들락거렸었노라

때로는
끓어오르는 시흥詩興을 가누지 못하여
별로 인적이 뜸하지 않은 오솔길을
홀로 사색에 잠겨 비틀거리곤 했었노라
납작하니 짓밟힌 꽁초를 주워 피우면서
이소룡李小龍이처럼 절묘한 비명을 질러댔었노라,
아카! 아카카카!

아아, 근데 누가 뭐 신경이나 좀 써 줘야지
태산 명동明洞에 서일필이더라, ㅍㅍㅍ

좌우지간 나도 한때는 굉장히 열심히
시인詩人이고자 했었노라

1980년대 엄혹한 시대를 풍자와 야유, 전복과 해체의 미학으로 견디며 살아온 박남철. 그는 이름만큼 언제나 세상과 부딪치고 뒤틀리고 치고 박고 싸우기도 했다. 더러 이런저런 일로 구설수에 올라 자못 심각한 시간을 보내기도 했다. 그의 형형한 눈빛에는 광기가 흐르고 이따금 호탕한 웃음이 잠시 선한 내면을 비추기도 했으나, 그는 늘 막다른 골목으로의 질주를 마다하지 않았다. 그는 「주기도문」, 「감사기도」라는 시로 현실을 비꼬고 해체하며 종교적인 신성모독적 표현도 감추지 않았다. 「독자놈들 길들이기」라는 시로는 시인과 독자의 관계까지 파괴하는 파격을 보였다. 그의 노력은 문법의 해체를 통한 억압에의 저항이라는 문학적 시도로 읽힌다.

아버지에 대한 도전은 1950년대 산 세대의 특징일지 모른다. 그에게 아비부재의 문학적 특성은 도를 넘어 한 극단에가 닿았을지 모른다. 그가 이 세상에 머물 때는 가까운 듯 먼 듯 대하던 이들도 이제는 한 결 같이 그의 빈자리를 그리워 한다. 시인의 운명이란 그런 것인가. 이 지상엔 흰 눈 내려

쌓이고 찬바람 몰아칠 때. 이제 그는 싸늘한 시인의 옷 벗어두고 저 세상으로 갔다. 그래도 우리들 그와 함께 한 잔의 소주를 나누었으니 그것 참 다행이다.

얼굴반찬

이대흠(1967~)

올해 일흔셋인 성전 형님이
문득 나이를 묻는다
너는 올해 몇 살 되었냐?
마흔여덟인데요
하고 대답하자

옆에 있던 목포 형님에게 묻는다
그럼 너는?
내년이면 딱 환갑입니다

그러자 이마에 철사 주름 두어 줄을 더 늘인
성전 형님이 한숨을 쉬며
너희들 참 나이 많이 먹었다
이놈들아
언제 이렇게 나이를 먹었냐?

철사 줄 같은 한숨을 쉬다
붉은 녹 같은 미소를 띠며 허허 웃더니

이제 보니 내가 노인들하고 술 먹었네
이러니 내가 늙지!
술잔을 들자

풋주름의 목포 형님이
아직 덜 익은 동생들 얼굴반찬이
술안주로는 제법 짭짤하시지요 잉!
하는 것이었다

이제 한 해도 보름밖에 남지 않았다. 실로 힘겹고 어둡게 이어온 한 해가 아니던가. 그러는 사이 우리가 떠나보낸 꽃다운 얼굴은 얼마던가. 그러한 마음을 감싸주려는 듯 지상에는 캐롤송이 은은히 울리고 있다. 우리 한 해는 성탄절로 마감하게 되어 새로운 희망에 물들어 간다. 그날 어두운 세상에는 아기예수 탄생의 축복이 흘러넘치고 새로운 세기의 열림이

벅차게 시작되었을 것이다. 이제 우리는 한 살씩 더 먹으며 새해를 펼치게 될 것이다. 그것은 그만큼 성숙한 자세로 새해를 힘차게 달려가라는 이치일 것. 그러나 우리는 또 작심삼일의 비탈로 떠밀려 내려가기도 하는 것이다.

이 시는 일흔셋의 성전 형님과 환갑을 앞둔 목포 형님 그리고 마흔여덟의 내가 벌이는 재치 있는 이야기 한 토막이 전부다. 일흔셋의 성전 형님이 보기에 환갑을 앞에 둔 아우도 다 천둥벌거숭이일지 모른다. 위에서 보면 모든 게 다 작아진다. 이 시의 압권은 이제 보니 내가 노인들하고 술을 먹었네. 이러니 내가 늙지다. 그런데 이 시 제목은 왜 「얼굴반찬」일까. 그건 시의 마지막이 생략되었는데, 목포 형님이 "아직 덜 익은 동생들 얼굴반찬이 / 술안주로는 제법 짭짤하시지요잉!" 하는 부분 때문일 것이다.

할머니 마음

곽은희(1962~)

딸랑 딸랑
강아지가 종을 친다.

그러면 문을 열어 주렴.
쉬를 하고 싶은 거야.

딸랑 딸랑
강아지가 종을 친다.

그러면 문을 열어 주렴.
응가를 하고 싶은 거야.

딸랑 딸랑
강아지가 종을 친다.

그러면 놀아 주렴.

공부방에서 나오라는 거야.

넷째 손녀 방문이 열리기를 기다리는

할머니 말씀.

동시 한 편이 우리에게 다가와 딸랑딸랑 종을 흔든다. 우리들 추위에 움츠렸던 가슴 활짝 펼치라고. 창공을 우러러 한번 힘차게 심호흡 하고, 일주일여 남은 시간을 차분하게 돌아보며 한해를 잘 마무리하라고. 그래야 새해를 힘차게 맞이할 수 있지 않겠느냐고. 이제는 기말고사 수능시험도 모두 끝이 났으니 방문 열고 밖으로 나오듯, 그렇게 우리 서로에게 꽁꽁 닫힌 마음 문을 열고 나와 주변 사람들과 손잡고 따뜻한 인사라도 나누라고. 점점 추워져가는 지상으로 차가운 바람 불고 싸늘한 눈발 흩날릴 때. 따뜻한 동시 한 편 우리들 가슴에 다가와 잔잔한 파문을 일구어 준다.

딸랑 딸랑 강아지가 종을 치면 공부방에서 나와 강아지와 놀아주라는 할머니의 말씀. 그것은 사실 할머니께서 손녀가 보고 싶은 것. 그래서 할머니가 강아지 핑계를 대신 것이다.

그러니 할머니 마음을 대신해 강아지가 종을 치는 것. 그런데 강아지는 자선냄비의 종을 함께 치는 건 아닐지? 우리 사회를 돕는 일은 가정에서부터 시작해야 한다고. 주변의 가난한 이웃에게 온정어린 손길 보내달라고. 굳어버린 우리 마음에 벽을 부수려 강아지가 딸랑 딸랑 종을 치는 건 아닐지? 우리도 서로의 가슴 향해 딸랑 딸랑 딸랑 사랑의 종을 힘차게 흔들자.

압록강

고 은(1933~)

오래 전 젊은 날
아무것도 없이 하루가 공짜로 가던 시절이었다
나는 다친 다리로 걷지도 못하는 날
그 빈집 곰팡이와 함께
하루를 다 보내며
압록강 같은 서사시를 쓰고 싶었다

조선이 일본에게 다 짓밟혔을 때도
압록강은 흘러갔다
조선을 넘어 만주가 짓밟힐 때도
압록강은 흘러갔다

흘러 흘러
바다를 만들어주고
미련 없이 자신은 사라지는 강물이고 싶었다
그 강물의 서사시가 되고 싶었다

그 길고 긴 강기슭 어디에
아름다운 곳이 있어서도 아니었다
더러는 험악하고
더러는 삭막하고
더러는 무덤덤한 풍경이건만
그 나날의 밤낮으로
온갖 일 다 겪으며 흐르는 그것
온갖 생각 다 실어 흐르는 그것

그렇지 않을손가
미인만으로 이루어진 세상이란
얼마나 생지옥인가
그것이 아닌
그것이 아닌

압록강의 길고 긴 물기슭은
항상 고단한 삶이 있고
억울한 죽음들이 있다
그런 강의 서사시가 되고 싶었다
나뿐 아니라
이미 나보다 먼저

압록강은 흐른다 아아 하고 누가 노래하였다
그의 머리말을 뒤이어 내가
압록강 같은 서사시를 쓰고 싶었다

한 해도 이제 하루만을 남겨두고 있다. 그대에게 묻노니 올해도 그대의 압록강 같은 서사시는 완성되었는가. 그대는 그 서사시에 이어 이어서 내년에도 압록강 같은 서사시를 다시 또 쓰고 싶은가. 그 언제 누군가 먼저 압록강은 흐른다 아아 하고 누군가 노래하였다. 그 새벽 압록강은 먼저 깨어 일어나 안개를 헤치며 이 땅의 푸른 역사를 싣고 흘러갔다. 민족이 일본에 짓밟힐 때에도 압록강은 흘러갔고, 만주가 일제에 짓밟힐 때에도 압록강은 쉬지 않고 또 흘러갔다. 역사가 흘러서 압록강이 흐르는 게 아니라. 압록강이 흘러서 역사는 흐르는 것이라고 압록강은 온 몸으로 온 힘으로 그렇게 노래하지 않았던가.

이제 한해의 남은 하루. 가까운 금강에라도 나아가 우리가 쥐고 있는 마지막 온기 강물에 풀어 넣으리. 그 온기 서해로 흘러가 마지막 지는 해의 노을 속으로 아낌없이 스미리. 그 다음 날 아침 해의 휘황한 빛살로 힘차게 솟구쳐 피어오르리니. 오 오 이 땅의 모든 강물이여. 흘러라. 노래하라. 굽이쳐라. 다시는 꺾일 수 없는 우리의 의지로 힘차게 살아올라. 파릇파릇 새 봄으로 피어날 꿈 안고 온 누리에 울려 퍼질 거대한 서사시로 거침없이 흘러가라. 우리는 모두 압록강 같은 대서사시를 쓰고 싶다.

앵무새를 기리는 노래

김형영(1944~)

거울에 나타난 것은
네가 아니고 허상이라는 것을
너는 보고 말았구나.
너는 그걸 알았기에
그 연약한 부리로 거울을 깨뜨리고
자신까지도 깨뜨렸구나.

네 앞에 거울을 놓고
거울 뒤에 숨어서
너를 위로하려다 그만 너를 속인
내가 누구더냐.
임금이로다.
보고도 못 보던 임금이로다.

그림자에 속은 한순간이 부끄러워
자신을 던진 너를 통해서

나는 비로소 깨달았노라.
내가 깨야 할 것은 거울이 아니라
닥칠 위험이 두려워서
개혁을 머뭇거린 내 나약함이라는 것을.

너를 기리며 나는 다짐하노니
너의 지혜로 악습의 틀을 깨고
거짓과 사치와 모략의 허상에
다시는 현혹되지 않으리라.
이것이 국법을 어기고, 마침내는
내 운명을 바꾸게 될지라도.

* 『삼국유사』 기이 제2편 「흥덕왕과 앵무」 참조.

신라의 42대 흥덕왕이 즉위한지 얼마 되지 않아 당나라에 갔던 사신이 앵무새 한 쌍을 가지고 왔다. 그러나 오래지 않아 암컷이 죽자 수컷은 슬프게 울기 시작했다. 왕이 이를 가엾게 여겨 수컷에게 거울을 가져다주었다. 수컷 앵무새는 거울 속에

비친 그림자를 보고 자기 짝으로 여겨 거울을 쪼았다. 그러나 그것이 제 그림자임을 알고 다시 슬피 울다 죽고 말았다. 이에 왕은 이를 노래로 지어 앵무새를 기렸다고 한다. 그러나 죽음을 초월한 이 슬픈 사랑의 노래는 우리가 새겨야 할 신년 벽두의 깨달음도 함께 담고 있다. 이 시의 앵무새가 깨뜨린 거울은 홍덕왕의 개혁에 대한 두려운 마음과 허상의 파괴를 암시한다.

자신에게 다가오는 위험이 두려워 개혁을 피하는 나약함을 홍덕왕은 허상으로 여겼던 것. 새해를 맞이하며 우리도 한 번쯤 새겨야 할 메시지이다. 연초 우리의 많은 결심도 채 삼일을 넘지 못하고 무너지는 게 태반이 아닌가. 지키지 못할 약속 줄줄이 늘어놓고 끝내 꼬리를 사리는 용두사미 아니던가. 이 슬픈 사랑 속에는 비장한 각오와 단호한 침묵이 똬리를 틀고 앉은 것. 온순한 모습에 강인한 의지를 품은 양띠 해. 우리는 새로움으로 심기일전하여 스스로의 큰 개혁을 일궈야 할 것.

사과나무에게 묻다

김규진(1959~　)

사과나무여
너에게도 영혼이 있는가?
네 영혼은 너의 사과를 어떻게 붉게 만드는가?

오가는 길옆에 사과나무가 있어
언제나 나는 물었다.
아침의 안개로
비틀거리는 저녁의 발걸음으로

사과나무여
너에게는 뛰쳐나가야 할 출근도
안고 돌아와야 할 지폐도 필요 없겠지만
너에게도 견뎌야 할 무엇이 있어
새들의 둥지를 두드리거나
바람의 팔을 붙들고 울기도 하는가?

지쳐 등을 기댈 때마다 너는
수천의 잎사귀 헤집어
달빛 새긴 잎사귀 두어 개를 떨어뜨리지만
네가 새겨놓은 말들은 너무 깊숙해
나는 읽을 수 없다.

어떤 슬픔으로도 그려낼 수 없을 것 같은
연분홍 꽃무리
그저 눈부시기만 한데
사과나무여.
너도 스스로에게 묻기도 하는가?
그곳에 네가 왜 서 있는지
왜 사과를 만드는지
너의 사과를 누가 가져가는지.

네가 온종일 바람 속에 있는 것처럼
나 역시 바람 속에 있다.
비틀거림으로 거센 바람 속을 더듬어 갈 때
사과나무여.
너도 때로
나에게 묻기도 하는가?

나에게도 영혼이 있는지
내 영혼은 나의 사과를 어떻게 붉게 만드는지.

스피노자가 말했던가. 내일 지구의 멸망이 올지라도 오늘 나는 한 그루의 사과나무를 심겠다고. 우리 언제부터 이 말을 잊었던가. 이익에 눈멀고 사리사욕에 혈안이 되어 코앞의 이익만 챙기며 살게 되었던가. 그는 인류에게 어떠한 운명이 정해져 있다 해도 끝내 희망과 비전을 포기하지 않겠다고 의지를 천명했다. 이제 시인은 그 사과나무에게 묻는다. 너에게도 영혼이 있는가. 네 영혼은 너의 사과를 어떻게 붉게 만드는가. 우리 오가는 길옆의 사과나무는 다 알고 있을 것. 우리가 지구에 얼마나 많은 발자국 남기며 하루를 건너가는지. 우리의 어깨 위에 얼마나 많은 구름이 머물다 가는지를. 그리고 우리가 그 구름의 눈망울 외면하며 어떻게 살아가는지.

스티브 잡스는 '애플'의 창시자. 사과 하나로 세계를 석권하였다. 그러고 보면 스피노자가 심었던 사과나무에 엄청나게 큰 사과가 열린 셈. 모든 문제의 답은 사과 속에 있을 듯. 우리 다시 사과나무에게 묻자. 그들에게도 실업은 있는지. 그들의 영혼은 고통을 어떻게 붉게 만드는지를. 그리고 우리는 사과나무에게 대답하자. 나에게도 영혼이 있다고. 내 영혼은 나의 사과를 어떻게 붉게 물들게 하는지를. 그러기 위해 우리는 먼저 우리 내면과 깊이깊이 대화해야 할 것이다.

꽃자리

조재도(1957~)

뒤울안
감나무 앵두나무 라일락 나무
아침부터 어머니
풀을 매신다

뭘 거기까지 매고 그러세요, 하자
조금 있으면 꽃 떨어질 텐디
꽃자리 봐 주면 좋지 않간

아, 꽃자리
꽃 질 자리
꽃을 피우는 건 나무의 마음이지만
꽃 질 자리 봐 주는 건
사람의 마음

어머니 손길이 다녀간 자리

환한 그늘에 소보록히 떨어질
감꽃 본다
앵두꽃 본다

지금은 봄이란 말, 꽃이라는 말 아직 멀고 먼 겨울 속. 그러나 꽃자리를 보아주는 어머니 마음은 활짝 피었다. 아직 먼동도 트기 전 일어나 마당을 쓸듯. 그건 한 해를 열고 새롭게 준비하는 새벽 마음이 아닌가. 쉽게 눈길 닿지 않는 나무 밑도 풀을 뽑고 자리를 봐 두시는 어머니. 그건 새해를 맞는 누구의 마음과도 통하는 이치다. 그러니 그 마음 없이 어찌 봄이 올 것이며, 봄이 온다 해도 어찌 꽃 피어날 것인가. 그런즉 올 봄에 필 꽃은 이미 지나간 겨울 속에서 피기 시작한 것이 분명한 법이다.

생각하면 진정한 꽃은 이 세상의 모든 만남. 사랑과 사랑이 만나는 것보다 더 화려한 꽃이 어디에 있을까. 올해의 새로운 만남이 피워낼 꽃을 위해 미리미리 자리를 봐 주는 마음. 그 속에 화사한 꽃은 무진장 피어나고 있는 중이다. 내 마음 그대 마음 위에 내려앉을 때, 그대 마음 내 마음 위로 내려앉을 때. 그 꽃자리 환한 순간을 위하여. 그걸 위해 우리 마음에 꽃자리 맑게 비워 두어야 하는 법. 그제야 새로운 얼굴들 화사한 웃음으로 내려와 앉을 것이니. 세상은 그대와 나의 꽃자리 이어지는 한 마당이 아니던가. 꽃과 꽃들이 둥글게 손잡고 빙글빙글 돌며 춤추는 꽃 마당이 아니던가.

묵언의 날

고진하(1953~   )

하루 종일 입을 봉하기로 한 날,
마당귀에 엎어져 있는 빈 항아리를 보았다.
쌀을 넣었던 항아리,
겨를 담았던 항아리,
된장을 익히던 항아리,
술을 빚었던 항아리들.
하지만 지금은 속엣 것들을 말끔히
비워내고
거꾸로 엎어져 있다.
시끄러운 세상을 향한 시위일까,
고행일까,
큰 입을 봉한 채
물구나무 선 항아리들.
부글부글 거리는 욕망을 비워내고도
배부른 항아리들,
침묵만으로도 충분히
배부른 항아리들!

어린 날 고향의 뒤란에는 언제나 빈 항아리 하나가 놓여 있었다. 그 항아리 하늘 올려다보며 텅 빈 시간을 삭이고 있었다. 이따금 그 안으로 소리를 지르면 웅얼웅얼 울림을 쏟아내던 항아리. 빗방울이 떨어지면 그것을 받아 그 위로 지나는 구름을 비추던 순간도 있었다. 어른이 되어서 이따금 그 항아리 생각이 나는 건. 그 안에는 어떤 텅 빈 충만 같은 것이 있어서가 아닌가. 그 빈 항아리 하나 뒤란에 놓여 온 집안이 가득 차오르던 이치. 그건 여유와 느림의 미학이 아니었을까. 있는 듯 없는 듯 거기 항아리는 여백을 품어 키우던 게 아니었을까.

그 항아리는 힘에 겹고 고단한 삶의 순간을 곰삭혀 향기나는 시간으로 발효시켜 준 건 아니었을지. 그건 마치 깨질 듯 쏟아지는 아픈 종소리를 끌어안아 그윽한 소리로 품어내는 종 밑의 항아리 같은 게 아니었을지. 그곳을 오가며 고단한 순간을 거기 담아두면 언젠가는 스르르 잊혀져버린 건 바로 그 때문이 아니었을까. 무엇이던 그 안에 담겨 있다가 나오면 웅숭깊은 맛을 내게 하던 항아리. 무엇이라도 그 안에 담아 놓으면 보물이 되게 하던 요술 항아리. 그건 텅 빈 충만 바로 그 힘 때문이 아니었을까. 이제 우리도 그 항아리 속으로 들어가 웅숭깊은 맛으로 익어야 하리. 우리의 스산한 생도 곰삭아 새로운 빛과 향으로 떠오르면 어떨까.

등藤꽃 아래서

송수권(1940~　)

한껏 구름의 나들이가 보기 좋은 날
등藤나무 아래 기대어 서서 보면
가닥가닥 꼬여 넝쿨져 뻗는 것이
참 예사스러운 일이 아니다.
철없이 주걱주걱 흐르던 눈물도 이제는
잘게 부서져서 구슬 같은 소리를 내고
슬픔에다 기쁨을 반반씩 어무린 색깔로
연등날 지등紙燈의 불빛이 흔들리듯
내 가슴에 기쁨 같은 슬픔 같은 것의 물결이
반반씩 한꺼번에 녹아 흐르기 시작한 것은
평발 밑으로 처져 내린 등藤꽃송이를 보고 난
그 후부터다.

밑뿌리야 절제節制 없이 뻗어 있겠지만
아랫도리의 두어 가닥 튼튼한 줄기가 꼬여
큰 둥치를 이루는 것을 보면

그렇다 너와 내가 자꾸 꼬여 가는 그 속에서
좋은 꽃들은 피어나지 않겠느냐?

또 구름이 내 머리 위 평발을 밟고 가나 보다.
그러면 어느 문갑文匣 속에서 파란 옥빛 구슬
꺼내 드는 은은한 소리가 들린다.

이 세상 꽃이 피기 위해서는 다 거기 맞는 자연의 이치와 흐름이 있는 법이니. 어떤 꽃이라도 한 하늘의 허공을 찢고 펼쳐내는 꽃잎이 그저 피었다 지는 건 아닐 터이다. 어느 꽃이라도 그것은 생의 가장 빛나는 순간이 아니던가. 그러기에 꽃 지고 난 뒤의 상실감은 더욱 큰 것이다. 등꽃 한 송이가 피는데도 줄기 아랫도리의 두어 가닥은 꼬여서 그 갈등이 서늘한 그늘을 쳐야 한다. 오히려 그 꼬임의 깊은 맛이 등꽃의 향기로 번지는 것이니. 어느 날 돗자리 깔린 평상 위로 우수수 쏟아지던 꽃잎 속에서 울리던 은은한 구슬소리여.

평생을 남도의 대[竹]와 황토와 뻘의 정신을 노래해온 송수권 시인. 십육 년 전에는 변산반도 작은 아파트를 얻어 홀로 시를 쓰며 그 고독의 깊이로 침잠하고 있었다. 그의 시집 『수저통에 비치는 저녁노을』이 그것이다. 어느 겨울 그곳 양우아파트에 가서 남쪽 작은 창으로 들어와 수저통에 닿는 저녁노을을 보고 왔다. 시인을 따라서 변산의 황톳길을 산책하고 돌아온 저녁이었다. 지역의 토속적인 맛과 민속적인 멋을 살려 시를 쓴 시인으로 북쪽에는 백석이 있다면 남쪽에는 송수권이 있다. 송수권의 시에는 언어의 결이 있어 토속적인 정서와 한의 울림이 우러나는 깊은 맛으로 다가온다.

시인이 된다는 것

밀란 쿤데라(1929~)

시인이 된다는 것은
끝까지 가보는 것을 의미하지

행동의 끝까지
희망의 끝까지
열정의 끝까지
절망의 끝까지

그 다음 처음으로 셈을 해보는 것,
그 전엔 절대로 해서는 안 될 일

왜냐하면 삶이라는 셈이 그대에게
우스꽝스러울 정도로
낮게 계산될 수 있기 때문이지

그렇게 어린애처럼 작은 곱셈구구단 속에서

영원이 머뭇거리게 될지도 모르기 때문이지

시인이 된다는 것은
항상 끝까지 가보는 것을 의미하지.

새해를 맞는 듯하더니 어느 새 2월 둘 째 주. 다음 주가 우리 민속 명절 설이다. 양력이 시간의 표층이라면 음력은 시간의 심층으로 이루어진 것. 우리들 선인들의 지혜가 놀랍다. 눈은 앞서 멀리 달려가도 마음은 항상 깊게 성찰하라는 뜻일 듯. 이리 빠른 시간에 우리들 삶 어느 것 하나 끝까지 가볼 수 있을까. 시인이 된다는 건 그렇게 힘겨운 것. 시는 사물이나 이치의 궁극에 닿아야 하느니. 시인으로 산다는 건 그렇게 어려운 법이다. 그런즉, 끝까지 가본다는 것은 이 세상 이치와 사물의 근원을 파악해 그 깨달음을 얻어야 한다는 것이다.

이육사의 「절정」, 윤동주의 「서시」, 청마의 「바위」, 고은의 「문의마을에 가서」가 그 경지에서 피어난 언어의 꽃. 이를 시인 김수영은 온몸의 시학이라 했다. 온몸으로 시를 써야 한다고. 눈물 젖은 빵을 먹어보지 못 한 자와 생을 논하지 말라는 건 슬픔의 끝까지 가보지 못한 자와 생을 논할 수 없다는 뜻일 것. 『농담』의 작가 밀란 쿤데라는 갈파한다. 시인이 된다는 건 끝까지 가보는 것을 의미한다고. 행동의 끝까지, 희망의 끝까지, 열정의 끝까지 그리고 절망의 끝까지 가본다는 것. 그 다음 처음으로 생을 셈해 보아야 한다고, 그렇지 않으면 생이 너무 낮게 계산될 수 있다는 걸.

막차의 시간

김소연(1967~　)

버스가 출발의 형식으로써
우리를 지나쳐 버렸다

멀어졌지만
저것은 출발을 한 것이다

멀어지는 방식은 모두 비슷하다
뒷모양을 오래 쳐다보게 한다

버스는 한 번 설 때마다 모두의 어깨를 흔든다
집에 갈 수만 있다면 이 흔들림은
아무것도 아닌 일이다

아침이면 방에서 나를 꺼냈다가
밤이면 다시 그 방으로 넣어주는 커다란 손길
은혜로운 것에 대하여 생각한다

고구마를 키운 이후로
시간도 얼마나 무럭무럭 자라는지를 알게 되듯
슬픔 뒤에 더 길다란 슬픔이 오는 게 느껴지듯
무언가가 무성하게 자라지만
예감은 불가능해진다

획획 지나쳐 가는 것들이
내 입김에 흐려질 때

차가운 유리창을 다시 손바닥으로 쓰윽 닦을 때
불행히도 한 치 앞이 다시 보인다

몸이 따뜻해지는 일을 차분하게 해 본다
단추를 채우고 호주머니에 손을 넣어둔다

새해라는 형식으로 2015년이 왔고, 어느새 시간이라는 형식으로 1월이 우리를 후딱 지나쳐 버렸다. 이어 2월이 열리고, 그렇게 1월은 멀어져 가며 2월을 더 새롭게 했다. 멀어지는 방식은 다 비슷비슷한 것. 보이지 않는 앞을 벗어나 뒷모양을 오래 쳐다보게 한다. 그렇게 또 시간은 지난 형식을 더 오래도록 기억한다. 막차라는 형식. 그건 설렘이랄까, 초조감이라 할까, 안도감이랄까 복합적인 감정의 형식으로 우릴 실어 나른다. 그 감정으로의 잠행을 깨우기 위해 버스는 한번 설 때마다 우리 모두의 어깨를 흔든다. 그러므로 막차는 이 흔들림의 방식으로 멀어지는 시간의 종결편이 아닐까. 막차야 말로 보이는 시간의 징표 아니고 무엇이랴.

막차를 타고 집으로 돌아가는 순간의 설렘이 떠오른다. 정월 설을 맞이하여 고향으로 돌아가는 설렘도 이와 다르지 않을 것. 집에 돌아가는 것. 그것만큼 힘이 솟는 게 또 있을까. 그건 우리의 모성이 가득한 방으로 복귀하는 것. 그건 내일 다시 그 방으로부터 나를 꺼냈다가 또 막차까지 시간의 형식 속에 머물게 하는 커다란 손길. 고향으로 향하는 발길들이 그토록 분주하다. 그렇게 우리는 고향의 형식으로 돌아가 다시 활력을 얻고 돌아와야 하는 것. 조상님과 부모님의 은혜에 대하여 다시 생각하며.

플래카드

신미균(1955~)

세차게 불어오는 바람을
가득 안은 플래카드가
그 바람을 다 감당하지 못해
힘겨워하고 있습니다

더 이상 버티다가는
갈기갈기 찢겨져
날아가 버릴 것 같은데

어떤 사람이
사다리차를 타고 올라가
커다란 구멍을 뻥, 뻥,
뚫어주었습니다

보낼 건 보내고
버릴 건 버리고

감당하지 못할 바엔
가슴에 구멍 몇 개 뚫는 것도
나쁘진 않습니다

거리에 여기저기 플래카드가 걸려있는 건 그만큼 할 말이 많다는 것이다. 그걸 보며 그게 누군가의 가슴처럼 답답함을 안고 있다고 생각한 이 몇이나 될까. 그곳에 적힌 문자의 뜻을 떠나 플래카드는 바람이 오면 팽팽하게 부풀어 오른다. 그러던 어느 날 조금 더 거센 바람 불고 간 뒤 거리의 여기저기 널려있는 플래카드 찢어진 흔적을 본다. 그리곤 모두들 생각할 것이다. 그것은 다만 바람을 참지 못해 찢겨져 있다고. 그러나 다시 생각해 보면. 그것은 찢겨지기 전까지 거기 적힌 내용을 온몸으로 소리쳐 펄럭대고 있었을 것이니. 바람이 조금만 덜 거세었다면 그건 안전했을까.

그런데 그 바람을 견디고 건재한 몇 개 플래카드는 있느니. 그건 바람을 여유로 감싸 안고 허공에 당겨져 팽팽히 글자를 빛내고 있으니. 웬일일까 살펴보면 그 플래카드 몇 군데 뻥, 뻥 구멍이 뚫려 있다는 것을. 그 몇 개의 숨구멍이 플래카드 전체를 온전히 지키고 있었던 것을. 그렇다. 우리 사회 우리 삶도 다 그렇다. 나라 일도 또한 그렇겠지. 너와 나의 시원한 소통, 대통. 그게 중요한 것. 이제 3월 오면 우리 사회는 새로운 발길로 넘치리. 진정 새로운 걸음은 막힌 곳 뚫어 작은 구멍 내는 노력으로 이어지는 것.

나는 내릴 수 없었다

허만하(1932~)

목이 쉰 기차는 세차게 눈이 내리고 있는
자작나무 숲을 헤치고 있었다.
성에 낀 창 너머 풍경은 얼어 있었다.
나는 비좁은 통로를 앞쪽으로 걷고 있었다.
통로는 끝이 없었다.
기차는 서지 않고 달리기만 했다.
나는 내릴 수 없었다.
차장도 없었고 승객도 없었다.
아무도 없어 비어 있는 기차
내 혼자 타고 있는 비어 있는 기차
나는 내릴 수 없었다.
창 밖에서 다시 눈이 내리고 있을 뿐
나는 중도에서 내릴 수 없었다.
나는 끝없이 긴 통로를
앞 쪽으로 걷고 있었다.
앞으로 달리는 기차 안에서 앞으로 걷는 나는

러닝머신 위를 달리는 걸음을 생각하며
푸른 산 넘는 구름을 생각하며
중도에서 내릴 수 없었다.
내 의사와 무관히 벌써 이 열차를 타고 있던
나는 내릴 수 없었다.
시작과 끝을 모르는 대로
내릴 수 없었다.
통로는 끝이 없었다.

하이데거는 우리 인간을 이 세상에 기투企投된 존재로 이해하였던가. 시인은 또한 자신의 의사와는 무관하게 스스로는 벌써 열차를 타고 있어 내릴 수 없다고 한다. 내릴 수 없는 기차에 타고 있는 상태 그것을 우리 삶의 존재방식으로 인식한다. 그런데 그 기차는 쉬지 않고 달리기만 한다. 기차에는 차장도 승객 누구도 없고 오직 홀로일 뿐. 그렇다면 그 기차는 결국 나 혼자 몰고 가는 길이 아니던가. 주변에 아무리 많은 사람들이 함께 살아도 결국 우리 모두 내가 도착할 곳은 나 혼자만의 역인 셈. 그러고 보니 누구도 생의 종점에는 결국 스스로 자신만이 혼자 도착하는 게 아닌가. 송강호가 주연한 영화 '설국열차'가 막 떠오르는 상황이다.

이웃집에 누가 사는지도 모르는, 아니 관심조차 없는 게 이미 우리 삶 아닌가. 그러한지 너무나 오래된 게 아닌가. 어느 날 엘리베이터에 함께 탄 이가 같은 층에서 내려 바로 이웃집으로 들어갈 때의 난감함. 같은 동에 세든 이가 십년을 살다 이사를 간다고 해도 그가 누구인지 알지 못하는 상황의 공허함이란. 이렇듯 우리는 모두 서로에게 투명인간으로 살다 가는 것인가. 우리 서로들 바삐 오고가지만 각자는 다 다른 방향을 향해 달리며 헛돌고 있는 바퀴처럼.

빛이 찍어낸 사물

강서완(1958~)

한 덩이 어둠이 심장이라면
나는 그 심장에 붙들린 그림자

나는 누구의 생각일까
누구의 생각으로 꽉 찬 어둠일까

종일 어둠이 쫓아다닌다

생각으로 가득한 정오,
순간을 뚫는
규칙적이고 뜨거운 꿈

꿈의 육체들이 태양의 각도에 따라 움직인다
길게 늘어난 생각을 이끌고
발가락이 어둠에 닿는다

나는 심장과 함께 눕는다
어둠 속에서 생각이 익는다
어둠 속에서 부푸는 어둠,

환한 그림자가 꿈을 들여다보고 있다

한편으로 보면 언어의 보법이 정확하고 명징한 시인 듯. 한 스텝 한 스텝 밟아가는 언어의 율동 속에 사유가 무르익는 듯. 예지의 빛이 어둠 속을 밝히는 듯. 또한 그 의미가 속내를 쉽사리 드러내지 않으려는 듯. 그렇게 이 시는 의미의 중층구조를 갖고 있는 것. 또 그렇게 이 시는 독자의 느낌보다는 능동적으로 생각하기를 요구한다.

잘게 나뉜 연 구분으로 연의 건너뛰기를 통해 전개되는 의미의 보폭과 반전이 매우 크고 넓다. 어찌 보면 이 시는 의식과 무의식의 접점에 닿아있는 듯. 자세히 새겨보면 서두에 제시된 어둠과 심장, 그림자가 후반에 가서 함께 조화를 이룬다. 시인은 심장과 함께 눕고 어둠 속에 생각이 무르익어 어둠은 부풀어 오른다. 그때 그림자도 환해져 꿈을 들여다본다.

한때 '어둠만이 빛을 지킨다'고 쓴 적이 있다. 어둠만이 사유와 몽상을 일깨우고 어둠만이 모든 어둠과 작은 빛을 품어 안기에. 그 안에서 어둠은 잘 익고 발효가 되어서 빛을 불러오기에. 그와 반대로 큰 빛은 끝내 작은 빛들을 모두 삼켜 버려서 어둠을 불러오기에. 그래서 이내 밤이 되어 돌아오기에. 그제야 밤은 스스로를 반성하며 어둠의 정신으로 거듭나는 것. 그런 뒤에 벅찬 아침을 깨울 수 있는 것이니.

예를 들자면 말여

최재경(1955~)

쑥국새가 울다가 슬며시 사라졌다면 말여
속앓이하던 깨구락지 소리를 들을 수 없다면 말여
어지간히 여름이 시작되었다는 얘기여
나절 가웃 자빠져서 민기작거리다가 뻰뻰하게
시리
점심상 내오라고 성질부터 내는 꼬락서니 하고는
싸그랑 비가 내리다 말고
쨍볕이 내려 흐지부지 하루가 간다면
여름이 말여 솔찬히 익었다는 얘기여
찬물을 끼얹고도 끈적거리기는 매한가진디
옆댕이에 착 붙어서 수작을 부리는 거 하구
햇무리 구름이 뭉개졌다 새털처럼 흐트러지고
달개비가 피어나 어쩌자고 자꾸 피어나서
대추 같은 다래가 들큰하게 익어 간다면
이제 여름도 어쩌지를 못하고 돌아가야 한다는
애기여

억척으로 살다가도 걸핏하면 종일을 울거나
몇 날 며칠을 악을 쓰고 울다가
빈 껍질로 사라지는 매미 같다는 얘기여
예를 들자면 말여

예를 들자면 말여. 뜬금없이 무슨 예를 든다는 말인가? 이 시는 그런 뜬금없음이 묘미. 그러한 못 갖춘마디 미완의 형식에 시의 자유로운 발상과 구성이 펄떡이며 전개된다. 최재경 시인 또한 그런 사람. 형식과 구속을 못견뎌하는 사내. 논산의 벌곡이라는 자연 속에 완전 자연이 되어 살다가 대전으로 나와 그 자연을 절대 잊지 못해 안달하는 사람. 이 시에도 그의 그러한 속내가 고스란히 녹아 있다. 그는 자연의 모든 것을 그저 지나치지 않고 그것들 하나하나 가까이 하고 마음 나누며 언제라도 그윽이 교감하곤 한다.

그에게는 자연의 미세한 변화도 그 자체로 머물지 않는다. 천행건天行建. 우주를 움직여가는 힘은 필시 그 이치와 흐름이 있을 터. 쑥국새 울음이 사라진 줄 미천한 우리 어찌 알까마는 그는 계절의 흐름으로 익히 알고 있다. 이어서 개구리 소리가 사라지면 턱 하니 우리 앞에 여름이 와 있는 중. '깨구락지', '나절 가웃', '민기작거리다', '솔찬히', '싸그랑', '들큰하게' 등 시어에서 툭툭 튀어나오는 충청도 사내의 육성은 이 시의 또 다른 자연의 생명력. 토박이 시인의 사투리로 살아 오른 감성은 척척 붙임성이 된통 강하다. 예를 들자면 말여. 예를 들자면 말여. 이 시는 오래 묵은 토장국이란 말여.

봄의 눈썹

이정오(1961~)

살며시 속눈썹을 치켜들어요
겨우내 밭둑을 내려다보던 자두나무 눈빛이
허기를 덜어내며 깨어나요

기지개를 켜기 전에 엿보는 일은
누가 가르쳐 주었을까요
막 대문을 열고 봄바람을 마중 나오던
아이의 눈썹을 닮았어요

홍매화 가지에 걸렸던 겨울바람이 살짝
귓불을 물들이고 가요

눈을 뜬다는 건 위태로운 일인가요
멈칫, 좁쌀만큼
치켜 올리던 속눈썹을 닫아요

자고 나면
눈꺼풀이 가벼워지는 시간이 올까요
풍겨오는 밭 내음에 눈을 비비며
봄의 눈썹은 열릴까요

생명이 깨어나려면 눈부터 떠야 하는 법. 그러기 위해 눈썹을 치켜 올려야 하리. 눈을 뜨고 감는 가장 단순한 동작이 생명의 핵심을 가른다. 그렇게 시인은 봄의 눈썹부터 관찰하고 있다. 그렇다. 봄에 대한 관찰. 그건 시인의 눈과 봄의 눈이 동일성을 이루는 상태. 그렇게 봄은 밖으로 나오기 전 주변의 변화에 관심을 기울인다. 그러나 눈을 뜨려다 꽃샘바람에 놀라 잠시 숨기도 한다. 어느 시인 있어 이렇게 봄을 노래하며 눈썹에 관심을 가졌던가. 시적인 묘미는 이러한 데에도 있는 법. 감각의 세계를 통해 봄의 순간과 시인의 기다림이 극적인 조화로 펼쳐진다.

봄의 진풍경이라 할 수 있다. 이제 대지를 박차고 봄이 마구 달려오고 있다. 삽시간에 대지를 사랑으로 물들이는 이 생동감. 봄의 움직임은 관능적이기 마련이다. 눈썹은 얼마나 미적인 감각으로 통하는가. 홍매화 가지의 귓불을 물들이는 바람은 이제 곧 뜨거워 질 것이니. 곧 이어 우리들 귓불에도 와 닿을 것이다. 이제 막 잠에서 깨어났다 다시 눈을 감는 아이의 얼굴이다. 봄을 읽는 시인의 눈매는 모든 사물과 자연을 생명으로 인식하는 것이니. 우리도 봄의 눈썹을 향해 찡긋 윙크를 하자. 봄은 벌써 산수유나무 꽃망울에도 은근슬쩍 불을 댕겨 놓았다.

수박

윤문자(1941~)

나는 성질이
둥글둥글하다는 소리를 자주 듣는다
허리가 없는 나는 그래도
줄무늬 비단 옷만 골라 입는다
마음속은 언제나 뜨겁고
붉은 속살은 달콤하지만
책임져 주지 않는 사람에게는
절대로 배꼽을 보여 주지 않는다
목말라 하는 사람을 보면
가슴이 아파 견딜 수가 없다
겉모양하고는 다르게
관능적이다
나를 알아주는 사람을 만나면
오장육부를 다 빼 주고도
살 속에 뼛속에 묻어 두었던
보석까지 내 놓는다

이 시는 직선적이라 할까. 가식이 없는 듯하다. '무엇은 어떠하다'는 문법을 반복적으로 전개해가니 처음 시를 쓰는 이들이 한번 사용해 볼 만한 기법이다. 그러나 이 시는 그러한 단계를 넘어 감동을 자아내고 있으니 기법으로 치면 그리 단순한 것만도 아니다. 수박이 의미하는 바의 속성을 시인의 삶과 연관시켜 생의 본질을 관통하는 것. 아직은 수박을 논하기 조금 이른 절기지만. 그러나 요즈음 제 철이 어디 있고 제 철 아닌 게 또 어디 있단 말인가. 딸기도 사시사철. 귤도 주구장창. 그러니 수박도 언제나 덩그러니 배를 내놓고 진열대에 놓여있을 수밖에는. 그래서 그리하여 그렇게 수박은 항상 주빈의 위치에 보무도 당당히 우리에게 오고 또 온다.

이 시는 우화처럼 읽히는 재미가 있다. 백지 한 장을 주고 자신을 소개하라는 교수님 말씀에 이 시를 썼다는 시인의 언급. 그러나 시를 쓰게 된 배경과 과정은 절대 중요한 게 아니다. 요는 감동일 뿐. 무엇보다 감동을 주어야 하느니. 감동 없는 시가 난무하고 무미건조한 언어들이 활개를 치는 때에 이렇게 단순한 듯 정감 있게 다가오는 시의 힘이라니. 꾸밈이나 재주 없이도 이 시는 우리를 끌어당긴다. 이 시는 시의 기본에 충실한 것. 그건 바로 의인화와 비유의 원리다. 이 시가 기댄 곳이 바로 그곳이다.

낙타와 바늘

최관수(1952~)

낙타가 바늘구멍을 지나려면
지닌 채로 달려들 순 없겠지
시간의 틈 없이 지나려는 집념과
긴 세월 버티고 서 있을 때
탈진이 되고 스러져 형태를 잃고
결국은 흐느적거리다 진토가 되어
행여 바람결 따라 요행히도
바늘구멍을 꿰어 지날 수 있을까

부자가 지닌 모든 재산을 나누어 주고
굶주림으로 종잇장 같은 생명으로
하나님을 뵈올 올곧은 영혼의 뼈로
육체의 고통을 초개처럼 십자가에 걸고
진토가 된 후에 틈 없이 시간을 꿰매다가
행여 수천의 어느 바람결에 실려
천국 문을 사뿐히도 넘고 넘어
하늘 시냇가 백성이 되겠지.

최관수 시인. 그는 보령에서 '소금꽃동인회'로 문학 활동을 펼치며 지역문화에 남다른 애착을 가지고 있다. 보령의 시인들에게는 언제나 소금꽃이 활짝 피어난다. 내가 ≪대전일보≫에 쓰는 "김완하의 시 한편"을 읽고 이따금 전화를 해오곤 한다. 어느 때는 아침 일찍 전화를 하고, 더러는 이해가 잘 안 되는 시도 있다며 넌지시 일깨워주기도 하면서. 붓글씨가 일품이어서 매년 가을 보령시 축제에서는 붓글씨로 가훈쓰기 행사도 열고 우리 민족에 대한 자긍심 또한 대단한 듯하다. 만세보령, 한 결 같이 전통 예절과 삶에 대하여 시민들 의식을 일깨우려 한다. 오늘은 자신의 시가 실린 ≪대전일보≫ 기사를 보고 또 어떤 반응을 보일지.

그의 삶은 느린 듯 지침 없이 사막을 가는 약대라 할까. 언제나 그의 삶은 낙타가 바늘구멍 들어가기 위한 진중한 과정인 것이니. 그는 이미 낙타 바늘구멍을 뚫는 지혜를 알고 있는 게 아닐지. 이제 보니 그의 삶의 저변엔 기독교 신앙이 굳게 가로지르고 있거늘. 영혼의 뼈로 육체의 고통을 넘어 하늘 시냇가로 나아가고 있다. 바늘구멍이란 하나님 말씀의 정수리가 아닌가. 그건 바늘 끝처럼 가늘고 날카로운 것이니. 바로 그 위에 한 발로 서는 그런 믿음이 아닐지.

빈집

설동원(1946~)

바람 자고 간 곳에 하늘 이불 깔려 있다
풀들 늦잠을 자고
귀먹은 문고리 구부린 채 묵상에 들고
쇠스랑은 옛 주인 손길 잊지 못하고
호미, 삽, 괭이 한 촉의 꿈 버리지 못하고 있다.
여기 건네기 어려운 말이 있고
건너기 어려운 강이 흐르고 있다 심심찮게
뒷마당 장독대에 옛 주인 체온 스며들고
툇마루에서 작은 기침 소리가 썰린다
담배 부스러기처럼 옛이야기가 날리고
제 그림자에 놀라 달을 보고 짖어대던
개의 밥그릇에는 얼지 않은 눈물 고여 있다
눈부신 것들은 잠들고
빛을 잃은 것들만 남아 빈집을 지킨다
새들 그리움의 날개 짓하며 울다 떠나고
풀벌레 빈 집 막장 그늘에 남아

서러움을 뜸질하면

내 마음 밑뿌리부터 아파 온다

이 시는 빈집의 사회학이라 할까. 우리 문학에 빈집이 대거 등장하던 때 있었다. 1930년 후반과 1980년대 후반. 거기엔 우리 사회의 경제 상황이 맞물리는 바, 1980년대 후반은 그 정점에 이른다. 농촌에서 도시로 유입되는 인구로 빈집이 늘어가고 노인들만 거주하는 현상이 가속화되어 왔다. 최근 귀농과 귀촌으로 방향이 바뀌기도 하였으니 이 또한 경제 상황의 결과인 것.

이 시는 묘사를 바탕으로 서경적 분위기가 지배적이다. 그러나 행간에는 생에 대한 연민이 아주 짙게 배어 있다. 매우 감성적으로 사물을 대하는 시인의 시선이 우리 가슴을 깊이 파고든다. 시인은 빈집을 사회학적 관심으로 접근하지는 않는다. 그의 시는 개인의 고통이나 그리움, 연민과 애정으로 접근한다. 그러나 그의 시는 높은 시적 표현의 성취 속에 리얼리티를 획득한다. 뒷마당 장독대에 옛 주인 체온 스며들고 툇마루에서 작은 기침 소리가 썰린다. 담배 부스러기처럼 옛 이야기가 날리고나, 눈부신 것들은 잠들고 빛을 잃은 것들만 남아 빈집을 지킨다에서 알 수 있다. 대상에 대한 정교한 표현이 빈집에 드리워진 삶의 그늘까지 들춰낼 수 있는 것. 이로써 빈집의 사회학적 의미까지도 파헤치는 것. 다시 말해 이 시는 시인이 성취한 높은 시적 표현으로 개인사적 관심의 단계를 훌쩍 뛰어넘은 것이다.

꽃이 피기까지

이정하(1962~)

사랑은 그냥 오지 않는다.
반드시 장애물을 가지고 온다.
행복도 그냥 오지 않는다.
반드시 훼방꾼들을 거느리고 온다.

꽃이 그냥 피는 줄 아는가.
한 잎 꽃송이를 피워내기 위해선
온몸으로 뜨거운 볕을 받아낸
저 잎새의 헌신과 노력이 있었음을.
꽃샘추위를 무사히 겪어내고서야
따스한 봄볕 또한 만끽할 수 있다는 것을.

사랑은 그냥 오지 않는다.
행복도 그냥 오지 않는다.
저 무수한 장애물을 뛰어넘어야
저 무수한 훼방꾼들을 몰아내어야
비로소 우리 손에 거머쥘 수 있는 것.

4월은 잔인한 달이라 해도 지난해처럼 우릴 가혹하게 몰아붙였던 적 있었던가. 서해와 남해 바다가 온통 싸늘한 안개와 그림자로 뒤덮였다. 그 그림자 가시지 않고 점점 더 깊어져 간다. 영원히 가시지 않을지도 모른다. 그러나 올해 4월도 그냥 가지는 않는다. 이 고통 속에서도 천지사방엔 꽃 지천으로 피었다. 그럴수록 더 짙은 꽃빛이 강렬한 눈빛으로 다가온다. 이 역설이라니. 아이러니이라니. 자연은 우리의 고통을 가장 보드라운 제 속살로 감싸주는 것. 봄은 겨울의 상처가 키워낸 향기라 할 밖에. 꽃은 상처가 키워낸 향기의 빛이라 할 밖에는. 진정 그럴 수밖에는.

이렇듯 우리 사랑은 그냥 쉽게는 오지 않는 것이다. 꽃 한 송이도 그냥 그대로는 피는 법이 없으니. 절대 사랑은 그냥 오지 않는 법이다. 행복도 그냥 오지는 않느니. 이 세상 그냥 이루어지는 건 아무것도 없겠다. 우리 사랑과 행복은 장애물을 뛰어넘고 훼방꾼을 요리조리 피하고서야 도달하는 정상이거늘. 어느덧 우리는 다가오는 5월을 내다본다. 5월은 자연이 한 차원 성숙해가는 시간. 후박나무도 소나무 숲도 한결 푸근한 가슴으로 이 세상을 품어 안는다. 아카시아 나무에도 순한 잎이 돋아나고 찔레줄기에도 연한 잎 새록새록 돋아나느니.

땅파기

셰이머스 히니(1939~)

내 손가락과 엄지 사이
웅크린 펜 놓여 있다: 한 자루 권총처럼 아늑하게.

창문 아래로는, 끼깔한 거슬리는 소리
삽이 자갈땅을 파고드는:
내 아버지, 땅 파고 계신다. 내려다보고 있자니

아버지, 꽃밭 사이 힘을 준 엉덩이
낮게 기울고, 떠오른다 이십 년 세월 멀리
구부정한 율동으로 감자 파종 골
그곳에서 아버지 땅을 파셨다.

조잡한 장화가 삽 귓불 깊숙이 자리 잡았고, 삽 자루는
안쪽 무릎에 단단히 맞댄 지렛대.
아버지는 씨알 굵은 걸 모두 찾아, 빛나는 삽날을

깊게 묻고
흩뿌리는 햇감자들을 우리가 주웠다,
손바닥에 그 차가운 딱딱함이 기분 좋았다.

정말, 노인네 삽 다루는 법을 아시는군.
노인네의 노인네 솜씨 그대로 아닌가.

내 할아버지 하루에 떠내는 잔디 뗏장 수가
토너 소택지 어느 남정네보다 더 많았다.
그에게 우유를 갖다 드린 적 있다 병에다
마개는 종이로 적당히 얼버무려서. 그는 몸을 세워
그걸 마시고는, 곧장 일 재개.

새김 눈 단정하게 썰고, 뗏장들을
어깨 너머로 던지고, 아래로 아래로 내려갔다
좋은 잔디 뗏장을 찾아, 땅을 팠다.

차가운 감자 흙냄새, 철벅대고 찰싹거리던
침수 토탄층, 무뚝뚝한 삽날이 절단한
산 뿌리들이 내 머릿속에서 잠을 깬다.
그러나 나는 삽이 없어 그런 사내들을 좇을 수가

없다.

> 내 손가락과 엄지 사이
> 웅크린 펜 하나 놓여 있다.
> 나는 이걸로 땅을 파겠다.

아일랜드 시인으로 1995년도 노벨문학상 수상자 셰이머스 히니. 그는 예이츠 이후 가장 위대한 시인으로 알려진다. 북아일랜드에서 아홉 형제 중 첫째로 태어났다. 농업과 목축업에 종사한 친가와 방직공장 노동자였던 외가의 영향으로 아일랜드 전통과 산업혁명의 흔적을 동시에 경험했다. 이로써 형성된 상이한 두 문화 사이의 긴장은 이후 그의 시 세계에 중요한 요소로 자리한다. 아일랜드는 영국의 지배를 받았으나 그에 대한 적개심은 그리 크지 않은 듯하다.

히니 문학에서 놀라운 건 그의 할아버지와 아버지의 노동에 대한 동경과 존경심. 농촌에서 태어나 자란 나는 농촌에 대한 기억이 꼭 좋기만 한 건 아니다. 가난과 노동의 힘겨움, 환경의 열악함 등등. 그러나 셰이머스 히니에게 그것은 너무나 즐겁고도 행복한 추억이다. 그에게 할아버지와 아버지의 삽질은 노동을 넘어 예술의 한 극치에 가 닿은 듯. 스스로 삽을 쥐고 노동을 하려했으나 펜을 쥐고 글을 쓴다고 했다.

히니는 삶의 터전에서 얻는 전통과 토속성을 친밀한 필체로 그려냈다. 아일랜드의 정치적 상황에서 비롯된 투쟁과 갈등을 섬세하고 사실적으로 표현했다. 이로 인해 그는 서정적 아름다움과 윤리적 깊이를 갖추어 일상의 기적과 살아 있는 과거를 고양시키는 작품을 썼다는 노벨문학상의 평을 얻었다.

권태

천수호(1964~)

곰삭다, 라는 말에 들어앉아있는
저 곰 한 마리를 좇아낼 순 없나
일어서지도 걷지도 않고 웅크린 채
기어가는 건지 걸어가는 건지
알 수 없는 이 족속의 행동에 총구를 겨눈다
총을 모르는 이놈은
한 손으로 슬쩍 밀어낼 뿐 도대체 긴장하지 않는다
발 앞에 떨어진 불발탄을 내려다보며
울지도 놀라지도 않는다
속이 다 삭아서 뼈도 없는 병이 들어
큰 입만 한번 벌렸다 닫는 저 곰

시를 쓰는 일은 속이 빤히 들여다보이는 단어도 새로운 눈길로 날려야 하는 법. 하면 권태라는 말을 어찌 달리 표현할 수 있을까. 지루하다거니 의미 없다느니 동어 반복적 단어만 잔뜩 늘어놓을 것인가. 아니면 과학적으로 설명하여 호기심이 제로 포인트에 달한 심리상태라 그럴듯하게 포장하여 제시할 것인가. 그러나 문학적으로는 그런 것들 모두 심각한 권태를 가중시킬 뿐. 상상하기도 끔찍한 일이다. 그러한 것은 권태라는 말조차 스스로 권태롭게 여길 일이니. 그러므로 권태야 말로 새로움을 추구하게 하는 원동력이 아니던가. 창조적 상상력의 새로운 출발선 아닌가. 작가 이상李箱은 그의 수필 『권태』에서 어느 마을 개들은 너무 권태로운 나머지 낯선 사람을 보고도 절대 짖을 줄 모른다 했다.

시인은 권태라는 단어를 곧바로 곰삭다 라는 말로 치환한다. 그리고 그 첫 글자 곰에 주목한다. 이어 권태 안에 들어앉아 있는 곰이라는 속성에 관심을 집중한다. 글자는 곧 실체로 사물로 직결된다. 그런즉 곰삭다 라는 말 속에 들어앉은 곰을 몰아내려 한다. 그러나 곰은 우리가 겨눈 총을 보고도 놀라기는커녕 툭툭 쳐서 총을 밀어낼 뿐. 큰 입을 벌려서 하품만 할 뿐.

이렇게 언어에 대한 관심은 곧 시를 쓰기 시작하는 출발선. 시의 스타트 라인인 셈이다. 애초에 시는 말 넣기 놀이라는 성격이 있다. 바둑판에 바둑알 하나 놓음으로써 대마가 살아나고 수세에 몰렸던 바둑이 극적 반전을 띠고 공격력이 살아나듯이. 때로는 단어 하나가 시를 쓰게 하는 원동력으로 작용하는 셈이다.

가마우지

이건청(1942~)

이강 유람선에서 보니
어부들이
가마우지로
물고기를 잡고 있었다.

가마우지 목을 끈으로 묶고
물고기를 잡게 했는데,
가마우지가 물속으로 헤엄쳐 가
물고기를 잡아오면
목이 묶여 삼키지 못한
큰 물고기는 빼앗고
작은 물고기 한 마리를
던져주는 것이었다.

아침 출근 시간,
도심 지하철 환승역에서 보니

사람들이 밀려가고
또 밀려오고 있었는데
저마다, 넥타이나 머플러로
목을 감고 있었다.

출근 길, 도심의 지하철에도,
에스컬레이터에도
목을 묶인 사람들이 몰려가고 있었는데
큰 먹이는 빼앗기고
작은 먹이만 받아먹고 사는
도시의 가마우지들이
밥벌이 자리에 먼저 가 앉으려고
필사적으로 인파 속을 헤쳐가고 있었다.

중국의 계림桂林에 가서 이강漓江에 들른 적 있다. 그 기기묘묘한 산수와 안개의 조화로 이룬 자연 풍광 앞에 충격적으로 감탄할 즈음. 인간의 지혜라기엔 조금 도를 넘어선 듯 보이는. 자연의 활용이라 할까. 기상천외한 어로 방식에 한 번 다시 놀랐다. 중국은 그렇게 유독 이야기가 많은 나라다. 그 큰 대륙을 끌고 가는 원동력 안에는 우리 상상력을 초월하는 사회적 시스템이 자리 잡고 있는 듯. 또 그 안에서 인간의 자연에 대한 착취 같은 어떤 섬뜩함도 느꼈다. 가마우지 한 마리 값이 물소 한 마리 값과 맞먹는다는 안내를 들었다. 가마우지 한 마리로 고기를 잡아 온 가족이 먹고 살아간다고 했다.

시인은 아침 출근 시간에 도심의 지하철 환승역에 서있다. 사람들이 밀려가고 또 밀려오는 인파 속에서 도시의 가마우지들을 본다. 그 가마우지는 모두 저마다 넥타이로 목을 조르고 머플러로 목을 묵고 있다. 그렇게 밥줄에 목이 묶인 가마우지들은 우르르 시간에 끌려 몰려가고 있다. 너와 나 우리는 서로들 더 큰 먹이는 빼앗기고 작은 먹이만 받아먹고 사는 도시의 가마우지 아닌가. 오늘도 그 가마우지들 밥벌이 지리에 먼저 가 앉으려 필사적으로 인파 속을 뚫고. 정면에서 날아오는 시간의 화살을 이마로 맞받아치면서 헤쳐가고 있느니.

햄버거를 먹으며

오세영(1942~)

사료와 음식의 차이는
무엇일까
먹이는 것과 먹는 것 혹은
만들어져 있는 것과 자신이 만드는 것.
사람은
제 입맛에 맞춰 음식을 만들어 먹지만
가축은
싫든 좋든 이미 배합된 재료의 음식만을
먹어야 한다.
김치와 두부와 멸치와 장조림과……
한상 가득 차려 놓고
이것저것 골라 자신이 만들어 먹는 음식,
그러나 나는 지금
햄과 치즈와 토막 난 토마토와 빵과 방부제가 일률적으로 배합된
아메리카의 사료를 먹고 있다.

재료를 넣고 뺄 수도,
젓가락을 댈 수도,
마음대로 선택할 수도 없이
맨손으로 한 입 덥석 물어야 하는 저
음식의 독재.
자본의 길들이기.
자유는 아득한 기억의 입맛으로만
남아 있을 뿐이다.

햄버거를 먹으며 시인은 우리 음식문화와 서양 음식문화의 차이를 간파하는 통찰력 보여준다. 우리 음식문화는 공간적 성격이 강하고 서양의 음식문화는 시간적 성격이 강하다고. 우리 음식은 여러 반찬과 찌개, 밥 등을 한 상 가득하게 공간적으로 차려놓고 자기 마음대로 선택하여 재조합을 거치는 2차적 조리를 해서 먹는다고. 그러나 서양의 음식은 시간의 순서에 따라 나오는 대로 무조건 받아먹어야 한다는 것. 그건 선택의 여지없는 시간적 구성이라고. 그래서 서양식은 사료라고. 그러기에 서양 사람들은 뚱뚱한 사람이 많은 거라고. 어느

강연에서 시인은 그렇게 예리한 이성과 감성으로 서양문화를 날카롭게 지적하는 걸 보았던 적 있다.

우리는 빨리, 빨리, 빨리를 외치는 삶 가운데서도 이러한 문화 있어 우리 삶을 지킬 수 있는 건 아닐지. 음식문화 속에 자리하는 이 느긋한 시간의 의미. 그걸 발효의 정신이나 숙성의 미학이라 하면 될까. 그건 우리 삶의 전통이자 과학이 아닌가. 그러나 우리 사회도 벌써 햄버거 가게가 지배하고 패스트푸드점이 넘쳐나는 골목, 골목들. 그러면서 웰빙의 삶을 외치는 이 현실은 아이러니의 극치 아닌가. 시인이 햄버거 먹으며 '음식의 독재', '자본의 길들이기'를 파헤치는 직관력과 통찰력. 시적인 비유로 보여준 이 상상력.

유적지 돌바닥을 걷다

이사라(1953~)

대리석 바닥을 문지르고 간 사람들이
사라진 뒤
한낮의 유적지 돌바닥이 반질반질하다

한참을 살다가 사라진 사람 대신 돌바닥이 윤이 난다
또 하나의 빛이 바닥에서 올라온다

뒤늦게 드러나는 것들
살다보면 이렇게 보인다
바닥을 사랑하다보면

하늘 어디선가에서 굴러 떨어진 듯
오래된 기둥들이 척추이기를 포기하고
붉은 번호로 낙인 찍혀
시간의 사체처럼 누워버린 것들도 보이고

언젠가 부활하게 될 붉은, 핏빛의 여유로운 숙면

오랜 세월의 혀끝은 쓰다
뭉클하게 써도
사라진 것들이 돌아올 길에서
몸을 쓰다듬는 부드러운 빛이
내게도 서서히 다가오는
이런 날

우리가 발바닥으로 느끼며 살아야 할 이유가 있다

유적지를 돌아보며 걷는 일은 또 하나의 완벽한 수행인 것. 그건 진정한 바닥의 진실과 만나기 때문이다. 원수는 물에 새기고 은혜는 돌에 새기라는 말 있다. 우리 공적이나 정신을 비碑로 세울 때 반드시 돌에 새기는 법. 그러나 시간 지나 돌기둥도 척추이길 거부하고 바닥에 뒹굴고 벽은 모로 쓰러져 눕거늘. 그때 바닥은 비로소 제 얼굴 환히 드러내는 법이다. 우리 발바닥 아래와 궁전 바닥의 맨 위가 닿을 때. 대리석

바닥을 걷다 보면 사라질 것들이 모두 돌아올 길에서 등 쓰다듬어 부드러운 빛으로 우리에게 다가오는 걸 본다.

그러니 우리 바닥을 느끼며 살다보면 하늘의 뜻도 알 수 있으리. 저 별빛도 진정 바닥에 닿는 순간에야 우리 가슴 울릴 줄 아느니. 그런즉 우리 모두 발바닥으로 느끼며 살아야 할 이유가 바로 여기 있다. 그러기에 어린 날 부모님 우리 발바닥 문질러 준 것 아닌가. 신혼초야에 신랑의 발바닥 그렇게 두들겨 팬 것이 아니던가. 발바닥으로 살기를, 발바닥 정신 끝내 잊지 말기를 일러준 것 아닌가. 유적지 돌바닥을 걷다 보니 우리 발 닿는 바닥은 왜 대리석으로 장식해 놓았는지. 진정 대리석도 우리 발바닥으로 문질러야 비로소 제 속살을 환히 드러내는 법이다.

이슬꽃

오영미(1966~　)

엊그제 트랙터가 논바닥을 훑고 지나가고
가녀린 푸름의 모 낱낱들이
진흙 속에 포기로 꽂혀 있는 것을 보았다
바람이 불고 비가 오면
힘없이 스러질 것 같은데
햇살을 어우르며 잘 견뎌내고 있었다
날마다 노심초사 초조해 하는 농부가
새벽녘에 삽 한 자루 뒷짐에 쥐고
말없이 가르마 같은 논둑길 서성거린다
휑하게 비어 있는 자리를 찾아
여분의 뜬 모 서너 개 모아 쥐고
정성껏 진흙 속에 꽂는다
태어난 아기가 쑥쑥 자라듯이
아침 이슬 영롱한 희망을 노래하며
떠오른 태양을 연주 삼아
새벽 공기를 먹고 줄지어 피어난 꽃

새벽이슬은 우리에게 큰 기쁨 주고
꿈과 사랑을 영글게 한다

이 세상 꽃 중에도 가장 맑고 투명한 꽃. 또 가장 짧은 순간 피었다 사라지는 꽃은 무엇인가. 한밤의 어둠 속에 잉태되어 새벽의 꼭지를 열고 피었다 이내 사라지는 꽃. 그건 생의 탄생과 소멸의 가장 극명한 대조를 보여주는 이슬꽃 아니던가. 어린 날 달개비꽃밭에 수없이 피어난 이슬꽃을 본 적이 있다. 푸른 이파리 사이 보라색 작은 꽃잎을 틔운 달개비 줄기에 매달려 피어나던 꽃망울들. 그걸 햇살이 비추면 달개비 줄기엔 이파리마다 보석 빛 초롱초롱 불 밝혀 영롱한 세상을 열고 있었다. 그러나 보라. 잠시 후 태양 힘차게 떠올라 대지를 적실 때. 꽃은 말없이 자신을 허공에 날리고 마는 것이니. 온 들녘의 이슬꽃도 농부의 삽 한 자루에서 피어나는 것이다.

어둠은 긴 밤내 이슬을 빚어 풀잎 끝에 감추어둔다. 별빛 쏟아져 강바닥에 쌓여갈 때 풀잎에 매달린 이슬은 강물 속 별빛을 길어 올려 제 가슴의 바닥까지 채운다. 한순간 어둠 장을 찢으며 동이 터올 때, 강 자락 쟁 쟁 쟁 울며 둑 위에 풀잎을 흔들면 이슬은 한밤 내 맺혔던 어둠을 풀어 강물 속으로 떠나보낸다. 아침 햇살비친 풀밭에 오색 구슬 초롱초롱 불을 켜들면, 이슬은 그때서야 자신을 품어주었던 어둠을 생각하고 투명한 풀잎 위에 그리움의 하얀 뼈를 새기는 것이다.

물소리 요리 한 접시

김일곤(1953~)

물소리가 한 상입니다
여름 별미는 입술이 싯푸른 물소리지요
신선한 육질의 물소리 요리는
절벽에 내리는 폭포수맛이 으뜸이지요
한 무리 은하가 쏟아지듯
수억 개 물방울이 부딪치며
물푸레나무 가지 사이로 낭창낭창한 물소리가
구곡간장 씻어 내릴 때
이쁜 아내가 엄지손가락을 세울 때
송어회처럼 붉은 더위의 심장을 찍어 드세요
송어가 돌부리를 차오르는 몸짓
바람 찰락이는 나뭇잎들
푸른 것들의 몸을 스쳐오는 더덕 향기
산 계곡 시어詩語알이 꽉 차서
부위별로 맛이 다른
그 싱싱한 물소리회 별미지요

하늘 아래 첫 동네
심원의 여름 별미 한 접시
어이 드세요

드디어 물소리 요리 집이 문을 열었도다. 이 빅뉴스. 웰빙에 무가당, 무나트륨, 무콜레스테롤이라. 우리 몸에 최고의 영양식이렷다. 복날도 다가오는 즈음에 귀가 번쩍 열리는 뉴우스. 이제 뒤를 이어서 특수 요리집들도 문을 열고 허공찜, 벼랑범벅, 지평선볶음탕, 구름의 웃음찌개 요리가 나오지 말란 법 있겠는가. 아, 이제 방금 카톡이 왔네. 은행동 회오리점에 느티나무 그늘부침전이 새롭게 출시된다고. 개점 당일에 한해서는 무료로 제공된다고. 바람 주 한 병도 무료로 주어진다니. 관음觀音이라는 말이 있다. 소리를 본다는 뜻인가. 이제 소리를 보는 것을 넘어서 물소리로 요리를 해서 우리 앞에 턱하니 내어놓는다는 뜻이니. 그것으로 우리를 대접한다는 뜻이지. 그 맛을 알고 즐겨야 할 터인 즉.

그렇다면 물소리 요리에는 어떤 술이 한 잔 잘 어울릴까. 글쎄, 그건 빙하를 띄운 얼음 막걸리? 자, 우리 오늘 물소리 요리 한 접시씩 기꺼이 했으니 물의 마음으로 깊어져 이 세상을 더 깊이 안고 가야 할 일 아닌가. 이제 이 세상에는 물의 눈빛을 닮은 아이들이 태어나 물소리를 깨알 같이 쏟아내면서 골목마다 물살로 달려갈 것이다. 그 여울소리를 타고 기쁨도 희망도 사랑도 더 큰 굽이로 차오를 것이니.

팽나무

박선희(1962~)

아버지의 고향 들판
한구석에
홀로 서 있는 팽나무는
몇 백 살은 족히 먹어 보이는
할아버지 나무다.

태풍이 불어와도
비바람이 몰아쳐도
꿈쩍도 하지 않고
한 해 한 해 나이테를 만들며
청빈낙도를 즐기는 선비처럼 서 있다.

하루가 다르게
변화하는 세상에서
내가 어렸을 적에 본 모습이나
오십여 년이 지난 지금의 모습이나

별 차이가 없는 팽나무는

모질고도 질긴 자신의 한 생애를
몸소 보여 주며
묵묵히 살라 한다.
한곳에 머물며 한 우물을 파 보라 한다.

우리들 초속의 시간으로 황망히 달려갈 때도 고향의 팽나무 예전 모습 그대로 팽팽하다. 고향 들판 팽나무 변화하지 않고 어느새 우리만 훌쩍 나이를 먹어버렸다. 누대를 걸친 사람들 시간도 번쩍 뛰어넘어 팽나무 청청한 모습 그대로. 태초부터 나무는 몸을 옮길 수 없으니 어찌할까 생각하다 뿌리를 깊게 내렸다. 팽나무 또한 움직일 수 없으니 에 따 모르겠다 하고 수직으로, 수직으로 가지를 뻗어 올려 밤이면 별과 이마 맞대고 조곤조곤 이야기했다. 그러는 사이 가슴에는 별 하나 품게 되었고. 그렇게 살다 보니 어느새 선비의 도에 이르게 된 것. 그러니 어느 바람에 흔들리랴. 어느 폭풍에도 쓰러지랴. 팽나무는 그렇게 나이를 먹어서야 더 젊어지고. 세월을 거듭 더해서야 한결 푸르러지는 법이다.

그대여 보라. 우람한 팽나무 제 키만큼 땅속으로 일제히 뿌리 퍼붓고 내려가 미지의 세계에 가닿고. 하늘로 솟구친 팽나무 두 팔 번쩍 들어 허공에 가 닿느니. 구름에 젖은 두 팔로 제 안의 깊은 우물 속에 꿈의 두레박줄 내리고 있느니. 모름지기 삶은 늘 한 우물을 파야하는 법이다. 암반 위로도 곡괭이 떨구면 언젠가는 물이 솟구치리라. 한여름 땡볕 속에도 팽나무 가슴 속에는 언제나 차가운 물 가득 고여 출렁 출렁거리고 있다.

사발과 장미

석성일(1955~)

이사 갈 때 데려가지 않아
돌담 옆에 남겨진 이 빠진 사발 하나
매일 밤 가슴에 별빛을 찰랑찰랑 담아
장미에게 바쳤습니다
장미는 모르는 척 빈 집만 바라보다
호젓한 어느 밤
이 빠진 사발을
꽃 가슴으로 가만히 안아 주었습니다
이 빠진 사발과 장미의 만남을
흰 감꽃도 톡 톡 톡 내려와 축하를 했습니다
채송화 봉선화 부러움을 사며
햇볕과 뭉게구름을 나누어 갖던 오후
지나가던 할아버지 손에 끝내 들리어
이 빠진 사발은
장미와 헤어져서
삽사리 밥그릇이 되었습니다

깨갱 깨갱대는 소리에
손톱을 깎던 할아버지 얼른 가 보니
삽사리 코에 피 한 잎 묻어 있었습니다
그것은 이 빠진 사발 안에
장미 가시가 돋아나 있었기 때문이었습니다

사발과 장미의 사랑이라. 이건 지극한 사랑? 아니면 감동적인 사랑인가? 글쎄 더러 그로테스크하다고 할 수도 있지 않을까. 이 시엔 하나의 이야기가 스미어 자못 감동적이다. 그건 바로 스토리의 장점이 잘 살아있는 이유다. 우리는 모두 이야기를 좋아하기 때문이다. 우리 누구나 이야기하기를 즐기는 속성이 있는 까닭이다. 스토리텔링은 여기서 출발한다. 시와 스토리텔링이 이 시에는 고도로 연결되어 있다. 그건 우리의 보편적 상상을 초월한다. 시는 그 이상이어야 하는 법. 시는 본디 볼 수 없는 것을 상상으로 읽어내는 것이니. 시의 감동은 항상 상상을 초월하는 데에서 극적인 재미를 몰고 오는 법이다. 이 시의 비밀은 바로 이 대목.

그런즉 이 시의 핵심은 상상력. 우주유기체적 세계관에서 연유한 사랑의 힘이다. 누구나 사물 간 사랑을 상정할 수 있다. 그렇다고 다 감동을 자아내는 건 아니다. 이 시에는 우주만물 간 넘나드는 사랑이 있으니. 삽사리 코에 묻은 피 한 잎은 기실 장미 꽃잎이었을 터. 그걸 보고 시인은 사발과 장미 사이의 극진한 사랑을 떠올렸을 것이다. 사랑, 사랑은 무생물도 생명을 품어 그윽한 사랑으로 차오르게 하는 힘이니. 그건 바로 우리가 간직해야 할 위대한 시정신이다.

첫맛과 끝맛

성은주(1979~　)

입 안 가득 번지는
팽팽한 길을 더듬는
그 맛이 나를 키워냈다

엄마 젖꼭지에서 하얀 피가 돌던 날
눈물이 핑 돌던 날
첫맛은 항상 나를 달게 위로했다
밀어내도
게워내도
맛이 맛을 찾아가듯
아득한 냄새에 침이 고였다

오른쪽보다 왼쪽에서 먹을 때
사람과 가까워지고 싶은
마음이 생겼다
그럴수록 맛은 더 깊어졌다

비릿한 저녁이 저물고
이불을 뒤집어쓰고
그해 장마를 기다렸다

*

눈 뜨면 지극히 평범한 맛
짜내도
짜내도
단물 빠진 껌처럼
함부로 버려진 시간이 굳어있다

엷은 통증이 줄 타고 흐르는 날
먹으면서 숨 쉬는 엄마를 봤다
옆에서 나는
매운맛이 당겼고
맛없는 것들을 죄다 뱉어냈다

애초에 삼켜버린 얼룩들이 너풀거리다가
속살을 뒤집을 때 허기가 졌다

엄마의 꽃 무덤이 부풀어 오르면
계절의 끝맛이 아프게 열린다
나는 그 맛에 운다

시인은 지금 점점 더 엄마가 되어가는 중이다. 태어난 지 5개월의 아이를 안고, 매일마다 엄마의 젖꼭지에서 하얀 피가 돌던 날, 눈물이 핑 돌던 날 첫맛은 항상 나를 달게 위로했다고 깨닫는다. 그러면서 가슴에 안겨 맑은 눈망울로 자신을 올려다보는 아이의 고운 숨소리를 깊이깊이 끌어안아 새기고 또 되새긴다. 과연 엄마의 첫맛과 끝맛이란 무엇일까. 그건 단맛과 비릿한 맛일까. 엄마 젖꼭지에서 하얀 피가 돌던 날, 그건 정말로 하얀 피였다. 이차돈이 순교하던 날 흘렸다고 하는 하얀 피처럼 붉음을 넘어 가장 순결한 색으로 가라앉은 빛깔.

우리 입술에 가장 먼저 와 닿던 그건 달고 달아 우리를 키우고 그 맛에서 우리가 영 벗어나지 못 하게 한다. 이 세상에 태어나 가장 먼저 우리 입술에 그의 몸을 대어주는 엄마. 그리고 생명을 우리 몸속으로 한 방울 방울 흘려 넣어주며 그렇게 서서히 비워져 가는 분. 끝내 그 한 방울 흰 피가 사라질 때 홀연 이 세상을 지워버리는 한 방울의 이슬.

그렇게 그 분은 언젠가 비릿한 맛으로 우리를 떠난다. 그렇게 시인도 엄마의 비릿한 끝맛을 보고 비릿한 저녁이 저물고, 이불을 뒤집어쓰고 그해 장마를 기다렸다. 장마가 와서 그 맛을 지워버리기 기다리며. 그 빗속에서 다시 어린아이로 태어나고 싶은 생각에. 그건 세례였을지 모른다. 물은 생명이고 또 엄마니까. 그래서 단비가 오면 우리는 모두 가슴 조아려 그 비를 온몸으로 받아야 한다.

예술가

이문재(1959~)

화가같이 생기셨어요-
본관 뒤 작은 연못가 벤치
환자복 차림의 아주머니가 말했다.
연못에는 팔뚝만한 비단잉어들
나는 걸음을 멈추고
화가요?

그러자 옆에 앉아 있던
평상복 차림의 아주머니가 거들었다.
멋지게 생기셨어요-
쨍한 수면에 동그라미 몇 개가 그려졌다.
왁자한 매미소리에 빈틈이 없었다.

내가 화가처럼 보인다?
이발소에서 두어 번
철학하는 사람 같습니다-

교회 근처 커피숍에서 또 두어 번
목회 활동하시나 봐요-
그런 소리를 들은 적이 있다.

대학병원에서 산책 나온 두 분께
덕담 한 마디 남기고 돌아섰다.
부처 눈에는 부처만 보이는 법이지요-
눈부시게 푸르른 늦여름

살고 있는 전셋집 경매 막느라
은행에서 융자 받고 나온 날 오후였다.

시인이나 예술가는 반드시 일반인과 조금 다른 삶이 있겠는데. 그건 우월감이 아니라 다른 세계에 대한 인식일 것이다. 그러면 예술가는 어떠한 모습으로 살아가야 하는가. 누군가 우리를 보고 아, 예술가 같아요 라고 할 때. 그것은 우릴 한순간 움츠려 들게 하는 또 하나의 기표일 수 있다. 그는 참 시인 같다, 예술가 같다는 말, 누구는 애술가 라고도 했다고. 필시 예술가에게는 그가 가야 할 길이 있고 그렇게 살아야 할 길이 있겠는데. 세상은 자꾸만 거기서 달아나며 분주히 언어의 찬사만 날리는 건 아닐지. 시인에게 멋지게 생겼다는 표현이 철학하는 사람, 목회 활동하는 사람으로 미끄러지며 이어지는 이 말의 화려한 변신. 그건 오히려 예술을 말 속에 가두려는 의도로도 읽힌다.

그렇다. 시인은 연못 속의 풍요와 환자복 아주머니들의 말의 풍요에도 함께 할 수 없는데. 왁자한 매미소리조차 빈틈이 없어 들어설 수가 없다. 그렇지만, 이런 상황에서도 시인에게는 덕담 한 마디가 있어야 하겠다. 부처 눈에는 부처만 보이는 법이지요. 눈이 부시게 푸르른 늦여름 날 시인은 이제 막, 살고 있는 전셋집 경매를 막느라 은행에서 융자를 받고 나온 바로 그날 오후였다. 눈이 부시게 푸르른 늦여름 오후.

판화

손미(1982~)

나를 파줘
이게 첫 임무다
육신을 쪼갰어
침투한다 피가,

밀어내고
밀어버리고
통과하려 한다
껍질을 뜯으면서

당신은 왜 나를 왜 밀어두는가
왜 빠져나가려 하는가
아직 살아 있는 나무의 말

파고들면 슬픈 일이 생겼다

우리는 같은 판 위에서
사지를 물어뜯고
서로의 주름진 곳을 사랑했다
스토브 하나 없이
협곡을 건던 족속이
사라진 곳

한때 오래 머물던 곳 같다

오목한 길을 따라 와
거기에서 기다릴게
물이 고이는 곳
아주 먼 곳부터 따라온

출혈하는 저 나무와
나는 어떤 관계야?

몇 번이고 반복되는
이 길에서
너를 만날 때까지
얼굴에 어둠 발랐다

나를 파줘
더 깊이 깊이
파고들게 하는
죄 많은 거기를

우리는 어떤 모습으로 존재해야 하는 걸까. 목석과 같이 무감각한 존재? 아니면 물처럼 무형의 존재로 자주 몸을 바꿔 가면서? 그것도 아니라면 진흙처럼 순간을 넘어서 딱딱하게 굳어버리는 모습으로? 그러나 목석과 물과 찰흙도 그것 하나로는 부족한 법. 거기엔 사랑이 없는 까닭이다. 이제 우리는 우릴 파내는 힘에 의해 새롭게 태어나야 한다. 내 몸에 피가 돌게 하고 서서히 깨어나도록 해야 한다. 릴케도 노래하지 않았던가. 그의 시 「석상石像의 노래」에서 석상은 피를 품은 생명으로 태어나고 싶다고. 그러나 그가 처한 존재의 부조리는 누군가의 생명을 담보로 해야만 하는 이 극단적 모순, 아이러니. 그리하여 누군가 자신을 사랑하는 사람이 한 목숨을 바쳐야만 싸늘한 돌의 그늘 벗고 새로운 생명을 품어 살아난다고 했지. 그때 자신을 위해 목숨 버린 그를 그리워하며 운다고.

그러나 여기 누군가 예리한 칼끝으로 파내줄 때만 생명으로 차오르는 나무. 나를 파줘 더 깊이깊이 파고들게 하는 죄 많은 거기를. 우리는 누군가 자극에 의해서만 새롭게 태어날 수 있다. 우린 서로의 주름진 곳을 사랑해야 한다. 그때서야 우리 새로운 생명으로 살아날 수 있기 때문인 것. 그 관심. 그 애정. 그 사랑으로!

병에게

문효치(1943~)

너에게 사랑의 편지를 쓴다
가끔 이름은 바뀌었지만
평생 내 몸속에 들어 나를 만들고 있었지
이런즉 병이 없었다면 나도 없었을 터
어머니가 나를 낳고 네가 나를 길러 주었다
이제 너에게 편지를 쓰는 것은
사실은 내가 나에게 편지를 쓰는 것이다
내가 나를 가장 사랑하노라 쓰기 위해선
내가 병을 가장 사랑한다라고 쓰면 된다
뭐든 오래 같이 있으면 정이 든다
평생을 함께한 너야 말해서 무엇하겠는가
정들면 예뻐 보이는 법
야, 너 참 예쁘구나
세상이 모두 나를 버리려 하는 겨울의 문턱에서도
너는 내 속에 깊이 들어앉아 있구나
밭은기침으로 살과 뼈의 아픔이 잦아들지만

마음의 병도 함께 살고 있다
변치 않는 평생의 벗
오늘은 너에게 편지를 쓴다

우리 생은 생으로만 채워지지 않는 법. 우리들 생이 생으로만 이뤄지면 무미건조한 사막 같지 않을까. 그러기에 생은 병으로 이따금 몸을 바꾸어 다가와 우리 생을 더 단단히 뭉쳐 주는 게 아닌가. 시인은 병을 통해 더 깊이 생을 깨닫는다. 어머니가 나를 낳고 병이 나를 길러 주었다고. 뭐든 오래 같이 있으면 정이 깊이 든다고. 정들면 모든 게 예뻐 보이는 법이라고. 세상이 다 나를 버리려 하는 겨울 문턱에서도 너는 내 속으로 깊이 들어앉아 나와 함께 있다고. 그런데 그걸 알고 보면 병에 대한 관심이 아니라 바로 우리 삶의 진정한 정수를 의미한다. 그게 바로 생의 온전한 가치라는 걸 일깨워준다.

그대는 단 한번이라도 병에게 편지를 써보았는지. 아니 그대 자신에게 반에 반통만이라도 편지를 한번 써보았는지. 그게 진정한 자신과의 소통일 텐데. 자아와의 진정한 만남일 텐데. 병이 와서야 우리는 진정으로 자신을 돌볼 줄 아는 법이니. 병이 깊어서야 부모님 마음 한편을 헤아리려 하는 듯. 그러고 보면 병이 우리를 사랑하게 하고 부모님을 사랑하게 하는 게 아니던가. 삶은 때로 그렇게 그늘 쪽에 서야 더 빛이 나는 듯하다. 우린 그늘 쪽에서 더 멀리 희망을 보게 되는 법인 까닭이다. 문학은 그래서 건너편 바라보기다.

새는 없다

박송이(1981~)

우리의 책장에는 한 번도 펼치지 않은 책이 빽빽이 꽂혀 있다

15층 베란다 창을 뚫고 온 겨울 햇살
이 창 안과 저 창 밖을 통과하는 새들의 발자국
우리는 모든 얼굴에게 부끄러웠다

난간에 기대지 말 것
애당초 낭떠러지에 오르지 말 것

바람이 불었고
낙엽이 이리저리 굴러 다녔다
우리는 우리의 가면을 갖지 못한 채
알몸으로 동동 떨었다

지구가 돌고

어쩐지 우리는 우리의
눈을 마주보지 않으면서
체위를 어지럽게 바꿀 수 있었다
우리는 우리의 멀미를 조금씩 앓을 뿐

지구본에 당장 한 점으로
우리는 우리를 콕 찍는다
이 점은 유일한 우리의 점

우리가 읽은 구절에 누군가 똑같은 색깔로 밑줄을 그었다

새들은
위로 위로
날아
우리는 결코 가질 수 없는
새들의 발자국에 미안했다

미끄럼틀을 타는 동안
우리의 컬러링을 끝까지 듣는 동안
알몸이

둥글게 둥글게
아침을 입는 동안

우리의 놀이터에
정작 우리만 있다

이 세상에 진정 새가 있다면 그건 우리 마음속에 날아온 한 송이 그리움일 것이다. 그리움이 와서 잠시 머물다 사라지고 나면 이 세상 어디도 새는 없다. 그대 난간에 매달려 힘겹게 버틸 때에도 베란다에 날아든 새들은 소리 없이 날아가고 없다. 왜 새는 없고 또 왜 우리 책장에는 한 번도 펼치지 않은 책이 빽빽이 꽂혀 있는 것일까. 그 펼치지 못한 책갈피 속에는 또 무엇이 그리 들어차 있는 걸까. 그러다 문득 밖을 내다보면 15층 베란다에서 창을 뚫고 온 겨울 햇살을 맞는다. 우린 모두 투명한 유리에 갇혀 있는지 모른다. 그러나 이 창 안과 저 창 밖을 통과하는 새들의 발자국. 그때 우리는 모든 얼굴에게 부끄러워한다.

우리 삶의 힘겨움 다 감당키 어려운 법이니. 애시 당초 삶의 난간에는 기대지 말 일. 애당초 낭떠러지에는 절대 오르지 말 일이다. 그러니 결국 우리의 놀이터에는 정작 우리만 있을지도 모른다. 생은 때로 그렇게 심하게 바람이 불어 낙엽이 이리저리 굴러다니는 것. 어지럽고 숨이 가쁜 것이니. 우리는 우리의 멀미를 조금씩 앓을 뿐일지도 모른다. 그런데도 우리는 가면을 갖지 못한 채로 그저 알몸으로 동동거리며 떨고 있을지 모른다. 생은 그렇게 가혹하고 참혹한 것일지도 모를 일이다.

손금

정현우(1986~)

만남은 손금과 같은 것이어서
네가 자라난 가지들과
내가 자란 가지들은
다르게 써진다.

손금 속으로 나무가 산다.

손금이 온전히 자라기까지
들렀다 가는 새들은
메마른 과녁에서 흔들린다.
쌀통을 엎었는지 눈송이들이
가지마다 걸리고
쌓이는 계절 앞에서 머물다 가는 사람들.
우리의 손금은 어디를 향하고 있는지
맞닿지 않는 포물선을 그리다
너의 손금과 내 손금이 닿을 때

가시처럼 튀어나와 잎 하나
틔우지 못하는 통점들.
헤어짐은 골목을 일으켜 세우고
겨울에서 미끄러져
나무 끝으로 봄이 돋아나다
스민 땅거미를 보는 것.
괴로움에 익숙한 벌레들은
손바닥 위로 깨진 거울을 읽고
우르르 몰려간다.
내게 오던 사람들은
조가비처럼 쓸려가
어느 겨울 눈송이로 흩날리고 있을까

손금이 깊어질수록
새들은 잠들지 못하고
그림자들이 매달리는 겨울을 무너뜨린다.

만남이란 때론 보이지 않던
손금이 어느 날 보일 때
금 간 손바닥을
천천히 맞추어 보는 것.

달을 물고 온 새들은
당신이 띄어 쓴 것처럼 앉는다.
내 반달을 심어 주는 날
우리는 어두워진 것들을 심는다.
사랑했다 미워했다 내리는, 내려앉는, 날리는,
조여오는, 울부짖는
웅덩이가 빗길을 밀어내고
부러진 가지들이 반짝이고 있다.

손금을 보기 시작하면서 우리의 생은 크게 두 가지로 나뉜다. 그건 행운을 타고난 삶과 그렇지 못한 삶. 또한 타고난 좋은 운명과 개척해야 할 운명으로. 우리 생을 결정적으로 보느냐 개척할 수 있는 대상으로 보느냐가 그것이다. 그 사이에서 우리는 행운과 불행을 받아들이는 지혜를 배우기도 한다. 정월 초가 되면 사람들 몰려가 사주팔자를 보고 결혼하기 위해 궁합을 보는 것. 손 없는 날 잡으려 택일을 하는 것도 다 손금을 보는 것에서 나온 셈이다. 그런즉 손금은 타고난 것이지만 타고 나지 않은 것이고. 그건 또 상대적인 것이지만 절대적인 것이다. 또한 절대적인 것이면서도 상대적인 것이랄 수 있다.

시인은 우리 만남을 서로의 손금이 닿는 것이라 했다. 만남은 손금과 같은 것이니. 내 손금이 자라난 가지와 너의 손금이 자라난 가지는 서로 다르게 씌어 졌다. 그러므로 누구라도 그의 손금에는 그의 나무가 자란다. 서로의 손금은 어디를 향하고 있는지 맞닿지 않는 포물선을 그리다 너의 손금과 내 손금이 닿을 때 진정 만남은 이루어진다. 그리고 하나의 더 큰 나무로 뻗어간다. 그러므로 만남이란 때로 어느 날 보이지 않던 손금이 보일 때. 서로의 금이 간 손바닥을 천천히 맞추며 하나의 방향을 바라보는 것이다.

바람의 말

마종기(1939~　)

우리가 모두 떠난 뒤
내 영혼이 당신 옆을 스치면
설마라도 봄 나뭇가지 흔드는
바람이라고 생각지는 마.

나 오늘 그대 알았던
땅 그림자 한 모서리에
꽃나무 하나 심어 놓으려니
그 나무 자라서 꽃 피우면
우리가 알아서 얻은 괴로움이
꽃잎 되어서 날아가 버릴 거야.

꽃잎 되어서 날아가 버린다.
참을 수 없게 아득하고 헛된 일이지만
어쩌면 세상 모든 일을
지척의 자로만 재고 살 건가.

가끔 바람 부는 쪽으로 귀 기울이면
착한 당신, 피곤해져도 잊지 마,
아득하게 멀리서 오는 바람의 말을.

나뭇가지 흔들리는 것을 보고서야 바람이 지나가는 걸 안다 했던가. 그러니 우리 바람이 전하는 말 알 수 있었다면 그대 돌아선 날의 뜨거운 눈물도 그리 아쉽지 않았으리. 하늘 올려다보며 눈시울 붉히던 그 날의 저린 시간들도 다 꽃잎이 되어 날아가 버렸어라. 삶의 온갖 숨결도 한 생의 비탈에 꽃나무 하나 자라 꽃을 피우듯 고운 색으로 물들어 가리라. 바람 속으로는 또 바람의 말이 흘러가는 법이니. 우리 서로 알아서 얻은 이승의 괴로움도 모두 꽃잎이 되어 날아가 버릴 것이다.

그러니 봄이 오면 이 지상에 왜 지천으로 꽃이 피어나는 줄 그대 알라. 그 언덕으로 수없이 꽃잎 날리는 이유도 거기 있는 법이니. 그대여. 어느 저문 날 날리는 꽃잎은 모두 이 지상에 머물다 떠난 그 누군가의 애진 숨결이다. 그러므로 지는 꽃잎은 모두 땅으로 땅으로 내려와 제 온기를 흙속에 온전히 묻는 것이다.

우리 어쩌면 매일매일 이 세상 모든 일을 우리 아는 지척의

자로만 재고 살아가는 게 아닌지. 그러니 우리들 모두 바람의 말에 귀를 기울이자. 그때. 우리 이 세상을 떠난 뒤에도 내 영혼이 당신 옆을 스치면 설마라도 그저 봄 나뭇가지 흔드는 바람이라고만 생각지는 말라. 그건 바로 누군가 간절히 전하는 바람의 말일지어니. 그 말소리가 들에 언덕에 피어날지어이.

직관의 독서와 시적 지향의 명료화

- 『김완하의 시 속의 시 읽기 2』를 읽고

조해옥

1. 시인의 시 읽기

김완하 시인의 『김완하의 시 속의 시 읽기 2』는 『김완하의 시 속의 시 읽기』를 잇는 시 해설집이다. 길상호 시인은 「맛있는 시, 멋있는 시」(『김완하의 시 속의 시 읽기』 해설)에서 김완하 시인의 시 읽기가 "다양한 방식으로 한편의 시가 지니고 있는 맛의 정체를 드러내고, 독자들에게 그것을 쉽게 접할 수 있도록 안내"하고 있다고 평한 바 있다. 시를 이해하는 것은 일반 독자뿐만 아니라, 시를 교육 받은 사람들도 어려워한다. 시를 읽고 이해하는 데 일정한 방향이 제시되지 않기 때문이다. 다만, 우리는 다른 이의 시 읽기를 통해 공감과 공유의 시간을 통해 자신의 시 읽기의 폭을 넓히고 이해의 깊이를 더할 수 있을 뿐이다.

그렇다면 시인의 시 읽기가 가지는 의미는 무엇인가? 또한 시인에게 다른 시인의 시 한 편은 어떤 의미가 있는 것인가? 『김완하의 시 속의 시 읽기 2』에 실린 김완하 시인의 한 편 시에 대한 짧은 해설을 읽으면서 필자는 이 같은 의문들을 나름대로 풀어나갈 수 있었다. 김완하 시인이 다른 시인의 시를 읽고 그에 대한 해설을 쓰는 시간은 시인 자신의 시적 지향을 명료하게 드러내는 과정이면서 또 한 편의 시적 산문을 창조하는 과정임을 알 수 있다. 『김완하의 시 속의 시 읽기 2』는 시인의 시 해설이 독자의 작품 이해를 돕는 안내서가 될 수도 있으면서 동시에 해설을 쓰면서 시인이 지향하는 시 정신을 드러내는 장이기도 하다는 것을 보여준다.

『김완하의 시 속의 시 읽기 2』에 실린 작품들과 시인의 시 해설을 통해 짐작할 수 있는 것은 공감하기 쉬우면서도 내적 성찰에 도달하는 경지를 보여주는 작품들이 대부분을 차지하고 있다. 시인이 선택한 시작품들에서 시간적 배경이 가을인 시편들이 많은 이유도 김완하 시인이 자기 내면을 들여다보는 시간에 집중하고 있음을 잘 보여준다. 한편으로 『김완하의 시 속의 시 읽기 2』는 김완하 시인이 시인으로서의 자기를 뒤돌아보는 여정의 성격을 가지고 있다. 서정성이 두드러지면서 형이상학적 성찰에 도달하는 작품들을 읽어나가면서 김완하 시인은 시인의 태도가 어떠해야 하는가에 대해 부단히 질문하고 그에 대한 답변을 스스로 찾아나가고 있기 때문이다. 그가 시 작품들을 선정하고 그에 대한 해설의 방향은 그가 시 창작에서 지속적으로 드러내는 시정신의 요체로서의 생명과 사랑과 허공의 시의식에 맞춰져 있다.

2. 시 정신의 요체, 생명과 사랑의 힘

김완하 시인은 시 정신을 언표하고 추구하는 시인이다. 이처럼 그의 시 창작에서 추구하는 시 정신은 곧 그가 읽을 시를 선택하는 바탕이 되기도 한다. 그렇다면 시 정신이란 무엇인가? 어떤 시인에게 있어서 시 정신은 그가 작품을 통해 지속적으로 보여주는 인식의 지향점이며 삶을 대하는 시인의 태도가 일정한 방향성을 띠는 것이라고 말할 수 있다. 개념화라는 것이 보편성을 획득한 인식의 언어적 표현이라고 볼 때, 시 정신은 개념화시킬 수 없는 것이다. 그 이유는 '시 정신'이라는 표현은 시인 개개인에 의해 각각 다르게 채워지는 무량한 빈 칸이기 때문이다. 어떤 시인에게 있어서 그가 추구하는 시정신은 자유가 되기도 하고, 어떤 시인에게는 비판의 정신이기도 하다. 또한 어떤 시인에게는 세속의 가치와는 다른 가치를 추구하는 정신으로 나타나기도 한다.

그동안 김완하 시인이 추구하는 시 정신의 중심에는 '사랑'이 놓여 있었다. 고독한 존재인 우리 생의 조건을 극복할 수 있는 힘을 그는 타자와의 사랑에서 발견한다. 그는 『시 속의 시 읽기 2』에서도 시인들의 작품들에서 사랑의 힘과 생명의 힘을 발견해 내고, 기쁨을 감추지 않는다. 여기에서 그가 거론하는 사랑은 타자와의 사랑을 넘어서 자연의 모든 존재들에게로 확대된다. 그의 시 해설은 사랑의 힘과 생명의 힘이 김완하 시인이 창작을 통해 추구하고자 한 시정신의 중요한 내용임을 지시해 준다.

그런데 두꺼비 얼굴을 찬찬히 보니
울퉁불퉁한 게
여드름 많은

우리 형처럼 생겼다

에이, 형이라면 내가 지지 뭐
두꺼비 앞에서
내가 길을 비켜 주었다

-송찬호, 「두꺼비형」 부분

그는 송찬호 시인의 「두꺼비형」을 평하며 "동화적인 상상력은 이렇게 모든 대상을 생명의 가치로 바라보며 수평적으로 인식하고 대하려는 동심이고 시심이며 시 정신이다. 그러니 우리 인류가 추구할 것은 바로 동심이 아니던가. 시심이 아니던가. 시 정신이 아니던가."라고 하였다. 동심이 시심이 되고 곧 시 정신이 될 수 있는 것은 "모든 대상을 생명의 가치로 바라보며 수평적으로 인식하고 대하려는" 마음이기 때문이다. 그는 동심은 "이 세상을 지켜내는 생명의 힘, 사랑의 힘인 것이다."라고 말함으로써 그가 지향하는 시 정신의 요체를 명확히 하고 있다.

이사 갈 때 데려가지 않아
돌담 옆에 남겨진 이 빠진 사발 하나
매일 밤 가슴에 별빛을 찰랑찰랑 담아

장미에게 바쳤습니다
장미는 모르는 척 빈 집만 바라보다
호젓한 어느 밤
이 빠진 사발을
꽃 가슴으로 가만히 안아 주었습니다
이 빠진 사발과 장미의 만남을
흰 감꽃도 톡 톡 톡 내려와 축하를 했습니다

-석성일, 「사발과 장미」 부분

석성일 시인의 「사발과 장미」에서 김완하 시인은 "이 시의 핵심은 상상력. 우주유기체적 세계관에서 연유한 사랑의 힘이다. 누구나 사물 간 사랑을 상정할 수 있다. 그렇다고 다 감동을 자아내는 건 아니다. 이 시에는 우주만물 간 넘나드는 사랑이 있으니. 삽사리 코에 묻은 피 한 잎은 기실 장미 꽃잎이었을 터. 그걸 보고 시인은 사발과 장미 사이의 극진한 사랑을 떠올렸을 것이다. 사랑, 사랑은 무생물도 생명을 품어 그윽한 사랑으로 차오르게 하는 힘이니. 그건 바로 우리가 간직해야 할 위대한 시정신이다." 라고 말한다. 이 같은 시인의 시평을 통해서 그동안 김완하 시인이 그의 시 작품에서 부단히 발화해 온 사랑의 시 정신이 다시 한 번 명료하게 드러난다. 김완하 시인은 손종호의 「공기의 꿈」에 대해 "사랑은 가장 아름다운 것이니 그것에는 또한 꾸밈없고 기침소리도 욕심의 티끌도 없도다." 라고 하였고, 복효근의 「명편」에서 "설령 그것이 마지막 묘지명이라 할지라도/사랑하였으므로/이미 그 생애는 명편인 것이다"라고 하였다. 이처럼 김완하 시인의 시선은 가장 숭고하고 아름다운 것이며 한 인간의 생애를 명편으로 평가할 수 있도록 하는 사랑의 가치를 보여준다. 그는 권득용의 시 「이끼」에 대한 해설에서 "모두 외면한 곳에 더 큰 사랑을 보여주는 게 진정한 사랑"이며 이는 곧 "진정한 생명으로 돌아가자 외치는" 것이라고 말한다. 이들 시편을 통해 김완하 시인은 가장 낮은 것에 대한 애정으로 사랑의 의미를 구체화시키고 있으며, 진정한 생명의 힘으로서 사랑의 의미를 규정하고 있다.

3. 지상에서 얻은 자유, 허공의 시 정신

'허공'은 김완하 시인의 시작품들에서 그의 시적 인식의 뚜렷한 주제어로 자리매김한 시어이며 이미지이다. "그의 내적 깊이와 넓이는 '허공'이라는 어휘로 응집된다고 말할 수 있다. 김완하 시인의 '허공'은 지상의 한계적 상황들로부터 자유롭고자 하는 시인의 열망을 함축한다. 그러나 허공이 지상, 혹은 현실과 완전히 분리된 상태에서 꿈꾸는 시인의 자유를 뜻한다기보다는 생에서 한 치도 비껴서지 않은 채 도달하려는 자유라는 점이다."(졸고, 「새로 지어지는 허공」, 『생과 죽음의 시적 기록』 인용) 김완하 시인의 '허공'은 지상의 아픔과 분리된 자유를 동경하는 낭만적인 시어가 아니다. 그것은 세상의 아픔과 고달픔을 체험함으로써 얻게 된 자유로움이다. 김완하 시인은 『김완하의 시 속의 시 읽기 2』에서도 다른 시인들의 작품을 읽으면서 자유를 뜻하는 '허공'의 시정신을 명료하게 드러낸다.

다음의 시 작품들의 해설에서 김완하 시인의 '허공'이 지상의 아픔을 처절하게 감내한 존재가 체득한 자유의 공간임을 다시 확인할 수 있다.

> 땅이 나를 받아주네
> 내일 아침
> 다시 일어날 수 있을 거라고
> 그녀가 나를 지그시 잡아주네.
>
> -양애경, 「바닥이 나를 받아주네」 부분

위의 시에 대해 김완하 시인은 “작은 씨앗 하나도 바닥을 딛고 일어나 수천 길 허공을 향해 머리 들 수 있으니. 이제 우리는 다시 쓰자. 바닥은 우리 어머니라고. 언제나 그녀가 지그시 우릴 잡아준다고. 이제 바닥을 모르는 자와 어찌 인생을 이야기 하리요.”라고 말한다. 수천 길 허공은 바닥과 연결되어 있을 때 의미를 갖는다. 드높은 허공은 바닥을 딛고 있으므로 가능한 것이라는 인식이 다음의 시 해설에서도 잘 드러난다.

> 허물어진 산신각 터 벼랑 끝은 가을이다
>
> 벼랑 아래 가을은 어쩌다, 저토록 깊어서
> 손금 가늘고 빛이 열다
> 이 가을에 닿기 전 쉰 번쯤 고비를 넘겼을 듯하다
>
> -이강산, 「구절사」 부분

위의 시에 대해 김완하 시인은 “그 벼랑에 선 가을도 어느새 벼랑 끝에 닿아 있다. 가을은 이렇게 모두 어디에 가 닿는 때. 길은 마을에 닿고 가을은 길의 벼랑 끝에 닿는다. 그대와 나의 그리움도 저 숲에 닿아 빈 가지 사이 올려다보는 허공에 깊디깊은 벼랑을 파고 있다.”고 말한다. 이강산 시인이 벼랑 끝에서 가을에 이르는 시간의 고비를 넉넉한 심정으로 들여다볼 때, 김완하 시인은 또 한 차례 "깊디깊은 벼랑을 파고 있"는 "그대와 나의 그리움"을 아프게 인식한다. 이강산 시인의 '벼랑'에서 김완하 시인은 벼랑을 숨긴 허공을 발견하는 것이다. 가파른 삶의 곡절을 거쳐 얻게 된 시인의 인식을 또 다른 시인이 곡절 많은 마음의 눈으로 바라보는 장면이 시 해설에서 펼쳐진다.

4. 서정적 서술로 공유하는 감각

김완하 시인은 시작품들을 통해 다른 시인의 내면을 감각과 직관으로 드러내 보여준다. 그렇기 때문에 그의 시 해설은 산문으로 쓰는 시 같다. 서정시는 시인의 시적 자아 속에 외부 세계를 흡수하여 내면화시킨 것이다. 이때 시인과 세계는 하나로 융합되는 시간에 놓인다. 시인이 외부세계를 자신의 내면과 일치시키는 장르가 서정시라면, 김완하 시인의 시 해설은 다른 시인의 감정에 서술적 자아를 일치시킨 서정적인 산문이다. 김완하 시인에게 시를 창작하는 일이 외부세계를 내면화시키는 것이라면, 그의 시 해설 역시 다른 시인의 시작품에 담긴 인식과 감정을 내면화시킨 언어적 표현이라고 볼 수 있다.

> 요란한 매미 소리로 뜨거워지는 저녁 노을
> 텃밭에서는 붉은 고추가 맹렬히 익어가고,
> 불로 불을 다스리는 청동의 팔뚝에선
> 실신한 여름이 굵은 땀방울로 떨어진다
> 다시 하루가 저물고
> 깨어진 달이 한 잎 한 잎
> 제 몸을 수습하여 부풀어 오르는 밤
> 원시의 동굴 속에선 쿵쿵
> 푸른 심장이 뛰기 시작한다

-홍일표, 「여름 풍경」 부분

위의 시에 대해 김완하 시인은 "여름의 색상은 노오란 꽃잎, 붉은 고추, 청동의 팔뚝, 푸른 심장으로 시원적 생명의 색상을 연출한다. 공간 또한 들길, 강둑, 텃밭, 원시의 동굴로 대지의 상상력 그 자체다. 여름 풍경의 중심 이미지는 언제나 달. 그것은 매달 부풀어 올랐다 흩어지고 다시 부풀어 오르길 반복한다. 그 달의 변화가 달력을 만들고 그 반복이 한 해로 이어진다. 현대 문명의 도시 속에 살아가는 우리에게 여름은 원시 동굴 속에서 쿵쿵 푸른 심장을 울리며 온다."라고 하였다.

여름 풍경을 이루는 자연물들인 달, 노오란 꽃잎, 늙은 미루나무, 매미, 저녁 노을, 붉은 고추, 푸른 심장 등은 깨지고 나무 위에 오르고 뜨거워지고 땀방울로 떨어지고 부풀어 오른다. 여름 속의 모든 자연물들은 제각각 상승하거나 격렬하게 변한다. 사물들이 빠른 속도로 활기차게 이동하고 그 속도는 "원시의 동굴"인 여름밤의 심장 박동이 뛰는 속도 같다. 홍일표 시인이 여름 풍경을 보면서 자연의 활기를 감지하는 박동소리와 홍일표 시인의 시를 읽는 김완하 시인의 심장 박동은 하나의 리듬을 갖는다.

김완하 시인은 이용악의 시 「그리움」을 읽을 때는 이용악의 시적 자아와 동일시되어 있다. 그는 "잉크병 얼어드는 이러한 밤에/어쩌자고 잠을 깨어/그리운 곳 차마 그리운 곳//눈이 오는가 북쪽엔/함박눈 쏟아져내리는가"(이용악, 「그리움」)에 대해 "오늘 문득 이용악이 그립다. 그가 그리워한 함박눈이 더 그립다. 그 밤 그의 시어는 절로 익어갔으리."라고 말한다. 그는 이용악의 그리움의 감정에 수동적으로 동일시하는 것을 넘어서서 이용악의 시적 자아가 되어 이용악의 그리움의 감정 속으로 들어간다. 이처럼 김완하 시인의 시 해설은 시적 자아와 시를 읽는 자신을 일치시켜 감정의 동일시를 이루기 때문에 서정적이다.

시인은 사물들의 숨긴 마음을 들여다보는 존재이다. 김완하 시인이 박성현 시인의 「식물의 서쪽」을 해설하면서 "이 시의 관전 포인트는 시인의 사물을 보는 감수성. 시인의 직관적인 감성이다. 그리하여 눈에 보이지 않는 식물의 창백한 표정을 마음으로 알아보는 것. 식물의 이파리에 그 잎만큼의 알몸을 비볐던 바람이 멈추어 식물의 표정 안쪽을 살피는 바람의 거취를 은밀히 엿보는 시인의 감성. 그 순간 바람이 멈추어 있기 위해 바람의 날개가 수만 번씩은 진동했으리라." 라고 말한다. "식물이 창백한 표정을 짓는다//저 식물의 잎에 그 잎만큼의 넓이로 알몸을 비볐던 바람이 가만히 멈추어 그 표정의 안쪽을 살펴본다."(박성현, 「식물의 서쪽」)에서처럼 박성현 시인은 식물의 표정과 그 표정의 안쪽을 살펴보는 바람까지도 들여다볼 수 있는 시선을 가졌다. 시인이 사물과 타자의 심정과 처지를 이해하고 그것을 언어로 재현해 낸 것이 시라면, 시를 통해 시인의 시선이 어디에까지 미치는지를 감지하는 해설 역시 감정의 창조적 행위인 것이다.

아버지, 꽃밭 사이 힘을 준 엉덩이
낮게 기울고, 떠오른다 이십 년 세월 멀리
구부정한 율동으로 감자 파종 골
그곳에서 아버지 땅을 파셨다.

조잡한 장화가 삽 귓불 깊숙이 자리 잡았고, 삽자루는
안쪽 무릎에 단단히 맞댄 지렛대.
아버지는 씨알 굵은 걸 모두 찾아, 빛나는 삽날을 깊게 묻고
흩뿌리는 햇감자들을 우리가 주웠다,
손바닥에 그 차가운 딱딱함이 기분 좋았다.

정말, 노인네 삽 다루는 법을 아시는군.
노인네의 노인네 솜씨 그대로 아닌가.

(중략)

내 손가락과 엄지 사이
웅크린 펜 하나 놓여 있다.
나는 이걸로 땅을 파겠다.

-셰이머스 히니, 「땅파기」 부분

김완하 시인은 위의 시에서 히니가 표현하려고 한 "노동에 대한 동경과 존경심"을 읽어낸다. "아일랜드 시인으로 1995년도 노벨문학상 수상자. 히니 문학에서 놀라운 건 그의 할아

버지와 아버지의 노동에 대한 동경과 존경심. 농촌에서 태어나 자란 나는 농촌에 대한 기억이 꼭 좋기만 한 건 아니다. 가난과 노동의 힘겨움, 환경의 열악함 등등. 그러나 셰이머스 히니에게 그것은 너무나 즐겁고 행복한 추억이다. 그에게 할아버지와 아버지의 삽질은 노동을 넘어 예술의 극치에 닿은 듯. 스스로 삽을 쥐고 노동을 하려했으나 펜을 쥐고 글을 쓴다고 했다." 아일랜드와 한국의 거리와 환경의 차이에도 불구하고 김완하 시인이 히니의 시에서 "노동에 대한 동경과 존경심"을 찾아낼 수 있는 것은 그 자신의 농촌 체험이 있기에 가능하다. 그의 경험이 아일랜드의 농촌과 한국의 농촌 사이의 시간과 공간적 거리를 넘어서서 공감대를 형성하는 배경이다. 한 편의 시에 담긴 시인의 경험과 감정은 그 작품을 읽는 이의 경험과 인식에 의해 온전하게 공유될 수 있다.

김완하의
시 속의 시 읽기 2

초판 1쇄 발행 2015년 8월 31일

엮고쓴이 김 완 하
펴 낸 이 김 정 희
펴 낸 곳 맵씨터
등 록 제 2002-000026호
주 소 서울특별시 성동구 광나루로 130 서울숲IT캐슬 1310호
전 화 (02)464-7708 / 3409-4488
전 송 (02)499-0846
이 메 일 hkm7708@hanmail.net

책값은 뒤표지에 있습니다.

ISBN 979-11-85923-12-3 04810
979-11-85923-11-6 (세트)

이 도서의 국립중앙도서관 출판예정도서목록(CIP)은 서지정보유통지원시스템 홈페이지(http://seoji.nl.go.kr)와 국가자료공동목록시스템(http://www.nl.go.kr/kolisnet)에서 이용하실 수 있습니다.(CIP제어번호: CIP2015023095)